繰り返された「生前退位」と天皇の正体

関 裕二

廣済堂新書

まえがき

今上天皇《きんじょうてんのう》が「譲位《じょうい》」の意向を示され、波紋が広がっている（マスメディアは「生前《せいぜん》退位《たいい》」という誤った言葉を使ったが、天皇陛下はこのような言い回しをされていないし、皇后陛下がおっしゃるように、このような表現は一般的ではない）。明治時代に作られた皇室典範《こうしつてんぱん》には、譲位や退位の規定がない。けれども、ご高齢の天皇陛下にこれ以上激務を強要していいのかと、天皇陛下の切なる願いに、国民は同情的である。

なぜ天皇の譲位は認められていないのだろう。

大日本帝国憲法を制定する際、伊藤博文の強い意向を受けて、譲位、退位の条項を付け足さなかった。権臣《けんしん》（時の権力者）が強圧的に退位を迫ったという南北朝の歴史を考慮したようなのだ。

戦後に至っても、やはり、譲位は認められなかった。天皇を政治利用する輩《やから》が出現することを恐れたのだろう。

けれども、日本の歴史をふり返れば、譲位はけっして珍しいことではなかった。皇《こう》極《ぎょく》四年（六四五）六月に第三五代皇極天皇《こうぎょくてんのう》が弟の軽皇子《かるのみこ》（即位して孝徳天皇《こうとくてんのう》）に禅《ぜん》譲《じょう》してからあと、歴代天皇の約半数は譲位している。それでも、天皇家は続いてきた。ならばなおさら、譲位を恐れる必要はどこにあるのだろう。

譲位の最大の弊害は、「院政《いんせい》」ではなかろうか。

院政とは、天皇が皇位を譲ったあとに自身は太上天皇《だいじょうてんのう》（上皇《じょうこう》、院）になり、実権を握って為政者（藤原氏ら貴族）たちを煙に巻き、辣腕《らつわん》をふるうことを意味している。平安時代後期から鎌倉時代の初めに至るまでの間、王家は強大な力を得ていたのである。

現代社会でも、企業や政治家の「院政」という言葉は負のニュアンスで使われることが多い。もし現実に譲位によって、天皇が実権を握るような事態に陥れば、大きな混乱を招くだろう。

けれどもよく分からないのは、「院政のカラクリ」である。天皇が皇位を譲っただけで、なぜ太上天皇が暴れ出したのか、ということなのだ。引退して強くなるそのカラクリが見えてこない。

いや、その前に、そもそも「天皇とは権力者なのか」「なぜ天皇家は世界で一番長続きした王家なのか」などなど、天皇にまつわる謎を、われわれ日本人が、まったく理解していないことは大問題ではなかろうか。

そこで、誰にもわかる形で、「天皇の正体」を明らかにした上で、譲位について考えてみたい。

また平安時代の終わりに、なぜ譲位するだけで王（太上天皇、院）は実権を握ることができたのか、そもそも天皇は権力者だったのか、すべての謎を解き明かしてみせよう。

繰り返された「生前退位」と天皇の正体◉目次

第2章

巫女とヤマトの大王 55

第3章

なぜ女帝が現れたのか？　117

第4章　利用される天皇　171

第5章

天皇はいくつもの顔をもつ　229

第1章

譲位と天皇

明治政府は譲位を認める方針だった?

齢《よわい》を重ねれば、多くの人は働けなくなる。老後はゆったりとした時間を過ごしたい。誰しもそう思う。だから、天皇陛下にも、ご休息の時間と余生が必要ではないか……。これが、多くの国民の感情だろう。天皇陛下に限って、なぜ譲位は許されないのか……。

皇室典範《こうしつてんぱん》が完成する直前まで、明治政府は「譲位《じょうい》」を認める方針だったようだ。

明治元年(一八六八)八月に明治天皇が即位。明治四年(一八七一)には廃藩置県《はいはんちけん》と、時代の切り替わりはあっという間に進んでいった。明治八年には元老院が発足し、憲法の制定に取りかかるも、諸外国の憲法を参考に立憲君主国の規範を作る作業に時間がかかり、皇室典範の策定にも、様々な意見が噴出したのだった。

明治十一年には過去の日本の皇位継承にまつわる「前例」をかき集め、分類し、解説を加えた『旧典類纂《きゅうてんるいさん》 皇位継承篇《こういけいしょうへん》』が編纂《へんさん》され、皇室典範制定のための準備が本格化した。このあと二年間で、第三次草案まで作られ、天皇に上呈された。その内容は、今日我々が知っている皇室典範とは、内容が大きく異なっていたのである。

今上天皇《きんじょうてんのう》の末裔《まつえい》が正統な皇位継承者とすることは当然のことだが、第二条には、

「嫡長《ちゃくちょう》」が皇位を継承する大原則を述べたあと、「太子男統の末裔が皇位を継ぐこと」ただし、「太子の弟もしくはその男統」あるいは、「嫡出男統の末裔がいなくなったら、庶出の子、およびその男統の末裔」が継ぐとある。そして興味深いことに、第三条には、それでも継承者が途絶えたら、「女統」を入れて継ぐ、とあったのだ。

この段階では、女帝（皇女の即位）の可能性も認めていたことになる。

ただし、「女統」には大きな問題があった。皇女が即位して女帝になったとしても、結ばれた男性が臣籍《しんせき》（皇族ではないということ）であれば「異姓」となるためだ（「女系天皇」の誕生が嫌われるのは、ここに原因がある）。だから当然、右大臣《うだいじん》岩倉具視《いわくらともみ》らが反発した。

そこで、工夫が加えられた。明治十八年（一八八五）に宮内省《くないしょう》で作られた『皇室制《こうしつせい》規《き》』で、皇女のみならず、「皇統の女系」、「皇族の女系」の即位も認められた。しかし条件は「女帝の夫は皇胤《こういん》（皇室の親族）で、臣籍に入った者でも皇統に近い者を迎えるべきだ」と記してあった。皇統を守るために大きな譲歩をしていたことになる。また、摂政《せっしょう》の設置も念頭に置くなど、かなり現実的で柔軟な規定が盛り込まれていたのである。

ところが、岩倉具視のブレーンだった井上毅《いのうえこわし》は『皇室制規』に関して意見を求められると、女帝そのものを否定したのだった。すでに臣籍に入っていた男性に皇族の女性が嫁いだとすれば、その子たちは一度は父親の姓を名乗ることになる。そうなると、皇統の姓を易《か》えることになるというのだ。この井上毅の考えが反映された。

また譲位に関しても、認めるべきだという意見を伊藤博文《いとうひろふみ》が斥《しりぞ》けて、「男系の男子が皇位を継承する」という「皇室典範」が、明治二十二年（一八八九）二月十一日に制定されたのである。

ただし、男子に限って、「庶子《しょし》（正妃以外の女性から産まれた子）」の即位も容認された。その「庶子」も、皇族の女性から生まれていなくとも、「華族《かぞく》」の女性なら可能としたのだった。歴史を振り返れば、母が皇族の皇子はむしろ例外的で、貴族（豪族）から生まれることが多かったのだ（具体的には藤原氏が圧倒的な数に達している）。これは、現実的な判断といっていい。

ちなみに、戦後制定された「皇室典範」には、皇位継承者は、「皇統に属する男系の男子」と定められ、皇位継承順位は次のように定められている。

（1）皇長子　（2）皇長孫　（3）その他の皇長子の子孫　（4）皇次子およびその子

孫　(5)その他の皇子孫　(6)皇兄弟およびその子孫　(7)皇伯叔父およびその子孫

もしこれでも該当者がいなくなれば、もっとも近親の系統の皇族が皇位を継承することになる。しかし、皇族そのものが減り続ける今日、該当する男子が極端に少なくなり、憂慮されている。一夫一婦制が定着し、天皇や皇族は「養子をとることができない」という規定があることからも、この先の皇族の存続には、大きな壁が立ちふさがっている。

われわれの世代は、天皇陛下の譲位だけではなく、皇位継承問題についても、ひとつひとつ解決していく必要がある。

だからこそ、まず、「譲位を認めるべきか、認めるとしたら、どのような問題が起きるのか」過去の歴史から、多くを学び取らなければなるまい。

なぜ天皇の譲位は許されないのか

なぜ譲位は許されないのだろう。

理由は大きく分けてふたつあると思う。天皇を政治利用しようとする権力者が現れれば、意にそぐわない天皇に退位を強制することも起こりうること。第二に、平安時代の院政のように、天皇自身が「譲位することによって権力を得る事態」を恐れているからだろう。

天皇の政治利用は御法度《ごはっと》だが、それでも天皇の存在それ自体が、じつに政治的なのだ。神聖な権威たることが本来の役目だが、利用しようと思えば、絶大な力を発揮する。為政者にとって、これほど魅力的な存在はないのである。

たとえば幕末の薩摩藩と長州藩は、天皇の神通力を討幕に利用しようと考えた。鳥《と》羽《ば》・伏見《ふしみ》の戦《たたか》い（一八六八）で、錦の御旗を掲げたが、これを境に膠着《こうちゃく》していた戦況は一変した。朝敵となったことを思い知った幕府軍は、敗走している。徳川慶喜自身が戦意を失い、密かに大坂城を抜け出し、江戸に戻ってしまった。

邪魔になった天皇なら、捨てられる可能性もあった。天皇や皇族は利用する価値があったからこそ、為政者にとって、厄介な存在でもあった。そのため、為政者は「天皇」をいかにコントロールするかに腐心した。最悪の場合、天皇を除《の》け者《もの》にしようとさえした。

長い歴史をふり返れば、権力を握った貴族（豪族）が、しばしば皇族を排除していた例を、いくつかも挙げることができる。

天皇弑逆《しいぎゃく》といえば、第三十二代崇峻《すしゅん》天皇《てんのう》をめぐる事件が有名だ。崇峻天皇の母は蘇《そ》我稲目《がのいなめ》の娘だったこともあって、蘇我氏全盛期に擁立された。ところが、時の権力者・蘇我馬子《そがのうまこ》とは反りが合わなかったようだ。

崇峻五年（五九二）冬十月四日、イノシシが献上されたとき、崇峻天皇はイノシシをさして「いつの日か、このイノシシの首を切るように、嫌いなあの人物を成敗してやりたい」と仰せられ、軍備を整える様は尋常ではなかった。同月十日、蘇我馬子は「自分が嫌われている」と思い、天皇弑逆を思いついた。そして十一月三日、蘇我馬子は配下の東漢直駒《やまとのあやのあたいこま》に、崇峻天皇を弑殺《しいさつ》させたのだ（ただし、『日本書紀』のすべてが事実とは思えない。拙著『物部氏の正体』新潮文庫）。

藤原氏は邪魔になった皇族を抹殺していった

皇族が殺《あや》められた事件は、これだけではない。このあとは、ことごとく藤原（中臣《なかとみ》）氏がからんでいく。

斉明四年（六五八）十一月、斉明天皇《さいめいてんのう》が紀温湯《きのゆ》（和歌山県西牟婁《むろ》郡白浜町の湯崎温

泉）に行幸していたとき、都の留守官を勤めていた蘇我赤兄臣《そがのあかえ》は、「現政権には三つの失政があります」と、有間皇子《ありまのみこ》に話しかけた。父・孝徳天皇《こうとくてんのう》の死後、有力な皇位継承候補でありながら、政権に睨《にら》まれていた有間皇子は、狂人を装って（陽狂《ようきょう》）、政敵から身を守っていたが、仲間が現れたと思い込み、小躍りしたのだ。

しかし、これは罠だった。蘇我赤兄は「有間皇子に謀反の疑いあり」と訴え出た。有間皇子は捕縛《ほばく》され、紀国に送られた。途中、歌を読んでいる。『万葉集』巻二―一四一の歌で、「有間皇子、自ら傷みて松が枝を結ぶ歌二首」だ。

磐代《いはしろ》の濱松が枝を引き結び真幸《まさき》くあらばまた還り見む

有間皇子は、こうして刑死する。ワナにひっかけたのは蘇我赤兄と『日本書紀』にはあるが、背後から糸を操っていたのは、中大兄皇子《なかのおおえのみこ》と中臣《なかとみの》（藤原）鎌足《かまたり》であろう（拙著『日本を不幸にした藤原一族の正体』PHP文庫）。

天武天皇崩御の直後、朱鳥《あかみとり》元年（六八六）冬十月二日大津皇子《おおつのみこ》の謀反が発覚した。連坐した者は多く、すぐに謀反人たちは捕らえられた。翌三日、大津皇子は訳語田《おさだ》（奈良県桜井市戒重《かいじゅう》）の館で死を賜った。

『日本書紀』は大津皇子の謀反の証拠をまったく掲げていない。鸕野讃良皇女《うののさららのひめみこ》（天武天皇の皇后）によるでっち上げだったことは、通説も認めている。息子の即位の邪魔になった大津皇子を抹殺したのだ。鸕野讃良皇女を影から操っていたのは、藤原不比等《ふじわらのふひと》と考えられている。乙巳の変《いっしのへん》（六四五）で蘇我入鹿《そがのいるか》暗殺の旗振り役になった中臣鎌足の子だ。

ただしこのあと、草壁皇子《くさかべのみこ》は即位することなく病死し、そのあと鸕野讃良皇女が皇位を奪い取った。これが持統天皇《じとうてんのう》である。

このあたりから藤原氏が急速に力をつけていき、藤原氏だけで朝堂を牛耳ることになっていくのだが、その過程で抹殺されたのが、天武天皇の孫・長屋王《ながやおう》だ。この人物の死は、天皇家の歴史に大きな影を落としていくのだが、のちにゆっくり話すので、省略する。ここでは、このあとに起きた、「藤原氏の皇族殺し」の例を、もう少し探っていこう。

東大寺大仏殿を建立した聖武天皇《しょうむてんのう》は、藤原氏が一党独裁体制を敷くために、「藤原の子」として育てられた人物だ。藤原不比等の娘（宮子《みやこ》）が持統の孫・文武天皇《もんむてんのう》との間に聖武《しょうむ》を産み、もうひとりの腹違いの娘（光明子《こうみょうし》）が嫁いでいる（のちに皇后）。母も皇后も藤原不比等の娘と、藤原一色だ。

藤原不比等の死後、その聖武天皇が即位して、藤原氏はようやく外戚の地位を手に入れることができた。藤原不比等の四人の子（藤原四子《ふじわらしし》。武智麻呂《むちまろ》、房前《ふささき》、宇合《うまかい》、麻呂《まろ》）は、邪魔になった長屋王を抹殺して朝堂を牛耳るようになっていく。

ところが、藤原四子が天然痘《てんねんとう》の病魔に襲われ、あっという間に滅亡すると、反藤原派が台頭し、聖武天皇も態度を豹変させる。なぞの関東行幸を仕掛けたあと、藤原武智麻呂の子・仲麻呂《なかまろ》に対し、対決姿勢を見せ始めたのだ。

藤原仲麻呂にすれば、聖武天皇は裏切り者だ。また、聖武天皇と光明子の間に生まれた藤原氏のための皇族は基皇子《もといのみこ》と阿倍内親王《あべないしんのう》（孝謙天皇《こうけんてんのう》。一度譲位し、重祚《ちょうそ》して称徳《しょうとく》天皇《てんのう》。道鏡《どうきょう》とねんごろになっていく、あの女帝だ）で、基皇子は誕生後間もなく異例のスピードで皇太子に冊立《さくりつ》された。

しかし、幼くして亡くなってしまったのだ。もうひとり、聖武天皇には男子が生まれていたが、藤原腹ではなかった。これが安積親王《あさかしんのう》で、藤原仲麻呂（恵美押勝《えみのおしかつ》）はこの皇子が邪魔になり、密殺してしまった。正史『続日本紀《しょくにほんぎ》』には、「殺した」とは書かれて

＜天皇家と藤原氏の関係図＞

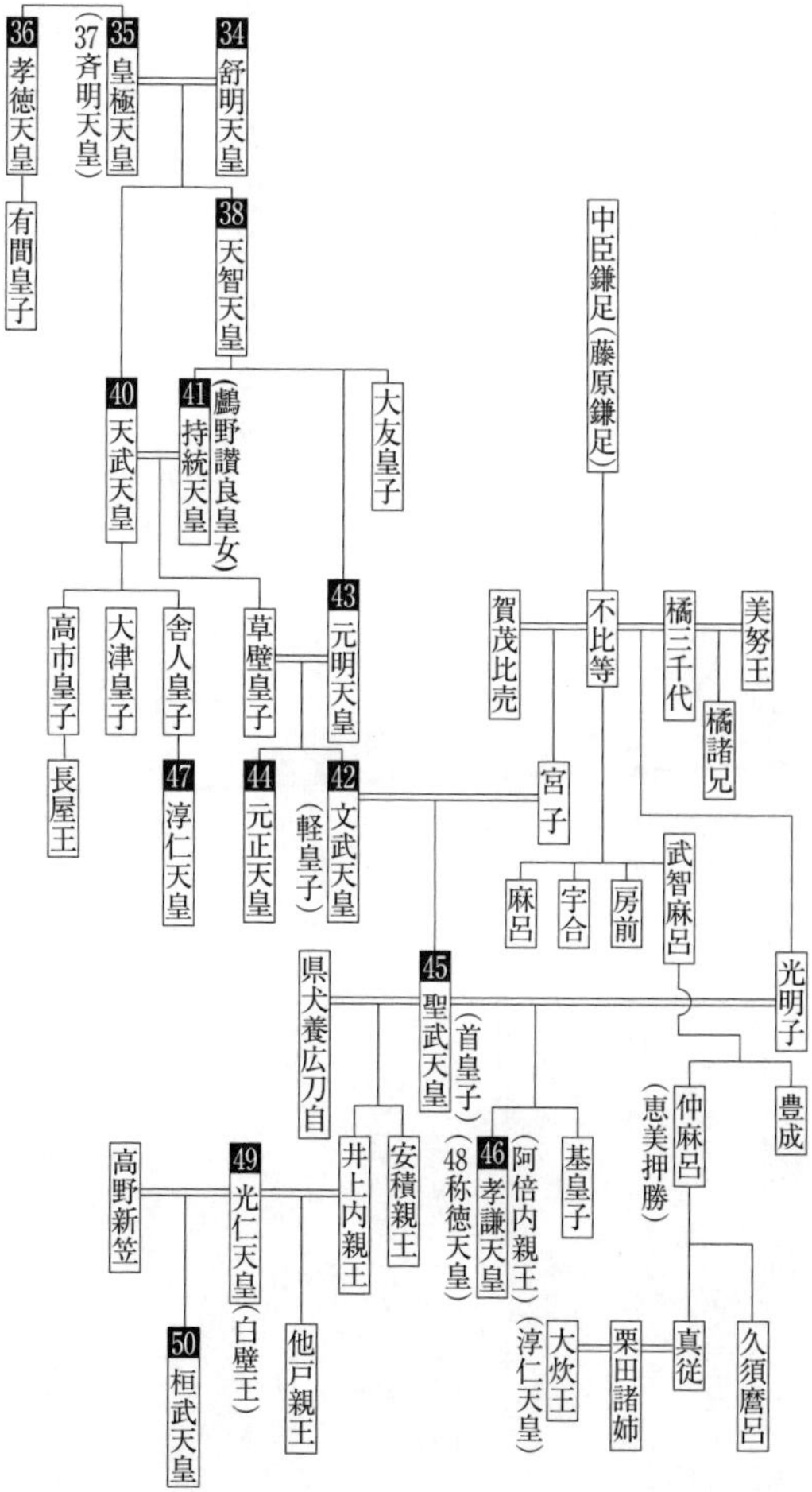

いないが、状況から判断して、史学界も「おそらく、仲麻呂に殺されている」と踏んでいる。

くどいようだが、皇位継承問題が発生し藤原氏が不利になると、多くの罪の無い皇子が、地獄に落とされている。

藤原氏に睨まれた井上内親王

もう一組、井上内親王《いかみないしんのう》と他戸親王《おさべしんのう》の母子の悲劇も記しておこう。

宝亀《ほうき》元年（七七〇）聖武天皇の娘・称徳天皇《しょうとくてんのう》が崩御した。独身女帝だったため、子がなく、皇位継承問題が持ち上がり、白羽の矢が立てられたのは、天智天皇の孫・白壁王《しらかべおう》（光仁天皇《こうにんてんのう》）だった。当時主導権を握りつつあった藤原氏が、天武の王家をきらったのだ。

天智と天武は兄弟だったが、それぞれが反蘇我派（親藤原派）、親蘇我派（反藤原派）に推されていたため、ふたつの王家は対立していたのだ。ちなみに聖武は天武の曾孫だったが、藤原不比等は聖武の周囲を藤原氏の人脈で固め、反蘇我派（親藤原派）に組んでいる。

ところが、藤原四子の死後反藤原派に豹変し（なぜこのようなことになったのかについては、のちに触れる）、結果として失敗している。

こうして称徳天皇の代で天武系の王統は途絶えたが、バランスをとるために、光仁天皇の皇后には、天武系の井上内親王が立てられ、この他戸親王が皇太子に選ばれ、天智系の王家は復活した。

「二つの王統の溝」は、深かった。だから、天武系から天智系への王統の変遷は、大事件だったのだ。

ちなみに、七世紀から八世紀の複雑で謎ばかりの歴史は、「蘇我氏と藤原氏の暗闘」という視点で見つめ直せば、面白いほどよく分かってくる。『日本書紀《にほんしょき》』編纂時の権力者は中臣鎌足の子の藤原不比等で、『日本書紀』は父の蘇我入鹿殺しを正当化するために編纂《へんさん》されたと言っても過言ではない。他の拙著の中で述べてきたように、真の改革派は蘇我氏で、中大兄皇子（天智天皇）と中臣鎌足は反動勢力だった。

蘇我氏を支持していたのは皇極天皇や孝徳天皇、有間皇子、そして、天武天皇、大津皇子らだ。持統天皇（鸕野讃良）は最愛の夫・天武の遺志を継承したと誰もが信じているが、これは『日本書紀』のついた嘘だ。

天智天皇の孫の持統天皇は天智天皇の右腕だった中臣鎌足の子・藤原不比等を大抜擢していた。この事実を無視することはできない。親蘇我派の天武系、反蘇我派の天智系の暗闘は、子や孫たちにも強い影響を残したのである。

『日本書紀』は七世紀から始まった複雑な政争の図式をいかに誤魔化すかに腐心し、蘇我氏や天武天皇たちの手柄を横取りしたのだった。天武天皇の手がけた日本列島を網羅する「古代版高速道路網」の存在を『日本書紀』が記録しなかったのは、そのためだ。

蘇我氏の業績を、聖徳太子に預けて、聖徳太子の末裔を蘇我入鹿に滅ぼさせるという聖《しょう》徳《とく》太《たい》子《し》という得体の知れない聖者が「創作」された理由も、ここにある。「物語」を捏造《ねつぞう》した。だから聖徳太子の謎など、大真面目に追っても、なにも答えはみつからないだろう。

それはともかく、藤原氏は、反天智派（親蘇我派）を懐柔するために、妥協案として「他戸皇太子」を持ち出したわけだが、この母子は、光仁天皇即位ののち、陰謀にはめられ殺されてしまう。ただし、この事件の詳細は第5章で説明する。

幕末の孝明天皇も毒殺されていた？

時代は大きく下り、江戸時代の終わりにも、よもや……、という事件は起きていた。慶応二年（一八六七）十二月、孝明天皇《こうめいてんのう》は病の床に臥せり、天然痘《てんねんとう》と診断された。いったん病状はおさまったが、容態は急変し、崩御《ほうぎょ》（天皇の死）。日本滞在中だったイギリスの外交官アーネスト・サトウは、「毒殺説が宮中で囁《ささや》かれている」と記録している。

孝明天皇は幕府寄りだったから、噂に尾鰭《おひれ》がついたのかもしれない。

その後も「ヒ素を盛られたのではないか」と、疑われ続けてきた。岩倉具視ら討幕派の陰謀説だ。崩御のタイミングが、討幕派にとって都合が良かったから仕方ない。

もっとも、最新の医学は、暗殺説を否定している。記録に残る病状から、孝明天皇の死因は、天然痘による病死（紫斑性痘瘡《しはんせいとうそう》と出血性膿疱性痘瘡《しゅっけつせいのうほうせいとうそう》を両方をふくめた悪性の出血性痘瘡）と、判断されている（原口清「孝明天皇は毒殺されたのか」（『日本近代史の虚像と実像　第一巻』大月書店）。

ただ、暗殺説、陰謀説がまことしやかに噂されてきたのも一方の事実だ。つい近年まで「その可能性は否定できない」と考えられてきた、その漠然とした共通認識を無視することはできない。天皇を政治利用するために、退位を迫り排除することは、当然考えられることなのだ。

それでなくとも、徳川幕府を倒した新政府は、明治天皇を国家の頂点に君臨させ、大いに政治利用している。西欧列強を倣《なら》い、立憲君主国をうち立てた。多神教的な天皇を絶対的存在に仕立て上げ、神の名のもとに正義を掲げ、帝国主義を唱え始めたのだ。キリスト教世界では神が万物を造り出し、神の子の人間は、この世を支配し改造できると考え、また、キリスト教の高みに全人類を引き上げるために啓蒙しようと考えた。この一神教的発想が、植民地支配の大義名分、正当性となっていった。

明治政府は、天皇を一神教的な神に仕立て上げることで、西欧列強と同じ帝国主義の道を歩んでいくことになった。これも、「天皇の政治利用」にほかならない。

だから、明治政府が皇室典範に天皇の譲位、退位を規定しなかったのは、「われわれの政敵、脅威となる存在に、天皇を利用されては困る」という「虫のいい考え」があったことも、一方の事実だろう。天皇の権威を借りて徳川幕府を倒し、新政権を樹立した明治政府や伊藤博文自身が、（言葉は悪いが）「天皇の利用価値」を知り抜いていたわけである。

「天皇」とは何者なのかについて、これから徐々に述べていくが、「はっきりとした理由は分からないが利用価値があった」ことはたしかで、だからこそ、皇位をめぐって争いが起き、古代の権力者（そのほとんどは藤原氏）は「気にくわない皇太子や皇族」を、ワナにはめ殺してきたのだ。

せめぎ合う摂関政治と院政

伊藤博文らが「譲位」を嫌ったもうひとつの理由は、天皇の歴史に「院政」という一コマがあったからだろう。

平安時代末期、天皇自身が、権力を握ろうと模索した。そして実際に、誰も手をつけられないほど強大な力を手に入れ、暴れ回った。

しかも、どうやって権力を手に入れたかというと、これが魔法のようで、天皇が皇子に譲位して、太上天皇《だいじょうてんのう》（これを院や上皇、法皇とも呼ぶ）になったとたん、強権をふるったのだ。なぜ天皇ではなく、太上天皇が、実権を握ることができたのか……。ここにひとつの謎が隠されている。

平安時代といえば、藤原氏が栄華を極める時代というイメージがあるし、事実、藤原北家《ほっけ》が摂関政治《せっかんせいじ》を始めて栄華を極めた。院政が始まる直前まで平安京は藤原氏の全盛期で、極論すれば、天皇はただ利用されるだけの存在だった。藤原道長《ふじわらのみちなが》が「欠けることのない望月（満月）」と豪語したように、なんびとも藤原氏に逆らうことはできなかったのである。摂関政治とは、「摂政と関白による政治運営」のことだ。

そもそも摂政も関白も、勅命《ちょくめい》（天皇の命令）で就任する。摂政はもともと皇族が任命されていた。幼い天皇を補佐し、国政を執り行う者で、天皇と同じ権限を持った。神功皇后《じんぐうこうごう》や聖徳太子（廏戸皇子《うまやどのみこ》）が、摂政だった。

平安時代に入り、藤原氏が摂政の職務を独占したのは、藤原氏が天皇の外戚となり、天皇を操るようになったからである。

関白は、天皇成人後に、天皇を補佐する役職で、実権をともなうが、藤原北家の出身で、大臣か大臣経験者が任ぜられた。藤原頼長は「摂政とは要するに天子のことだ」といっている（『台記《たいき》』）。要は、誰も逆らえない権力者の地位が、摂政と関白で、藤原氏による独裁体制が敷かれていたのである。

ところが、摂関政治全盛期に、異変が起きる。第七十一代後三条天皇《ごさんじょうてんのう》（在位一〇六八～一〇七三）は摂関家と主導権争いを演じ、大江匡房《おおえのまさふさ》を重用して改革事業を押し進めた。これが延久《えんきゅう》の善政《ぜんせい》で、譲位し太上天皇（上皇、院）になった。子の白河天皇《しらかわてんのう》（在位一〇七三〜一〇八七）に至っては、譲位後実権を握ることに成功したのだ。後三条天皇と白河上皇の親子によって、「院政の基礎」が固められたのである。

なぜ、藤原摂関家は、太上天皇に圧倒されてしまったのだろう。

一般的には、「譲位は人事だから」と考えられている。天皇が退位する際、複数の皇位継承候補者の中から、次の天皇を指名する。これが人事で、「権力の源泉は人事」なのだから、ここで太上天皇になる意味が隠されているというのだ。皇子と取り巻きやミウチは、退位する天皇の人事を固唾《かたず》を呑《の》んで見守るわけで、天皇の下す人事に一喜一憂する。「指名できる」ということは、「やめさせることも可能」なわけで、ここに、「なぜ院政によって権力が発生したのか」そのカラクリが見えてくるというのだ。

しかし、本当に譲位しただけで、権力は発生したのだろうか。にわかには信じがたい。

誰が皇位継承候補を決めてきたのか

天皇が譲位をして太上天皇になり、その時点で権力が発生したというのなら、それ以前はどうやって、誰が「皇位継承候補」を決めていたのだろう。

次期皇位継承候補の決め方で、興味深い記事が『日本書紀』第十代崇神天皇《すじんてんのう》の条に載っている。
『日本書紀』は神武天皇が初代王と言っているが、戦後の史学界は、実在の初代王を第十代崇神天皇と考えるようになった。『日本書紀』は神武天皇《じんむてんのう》の即位は今から二千数百年前と記録する。これだと弥生時代のまっただ中になってしまう。ヤマトに王権が誕生していたとは信じられない。

そこで、「ハックニシラス天皇（はじめて国を治めた天皇）」と礼讃された神武天皇と崇神天皇は同一人物ではないかと推理されるようになった。天皇の歴史をなるべく古く、遠くに見せかけるために、『日本書紀』編者は「南部九州から二千数百年前にやってきた神武天皇」という虚構を用意した、ということになろうか。ただし筆者は、初代神武天皇と第十代崇神天皇は同時代人で、神武と第十五代応神天皇《おうじんてんのう》が、同一人物と考える。このあたりの事情は、のちに再び触れる。

それはともかく、第十代崇神天皇のモデルがヤマト建国黎明期に存在したことはたしかだろう。

崇神四十八年条に、以下の記事が載る。

崇神天皇は、大勢いる皇子の中で、すぐれた者に皇位を授け、もうひとりに東国の統治を委ねようと考えた。そこで、甲乙つけがたい豊城命《とよきのみこと》（上毛野《かみつけの》氏の祖）と活目尊《いくめのみこと》に夢占いをさせた。

豊城命は御諸山《みもろやま》（奈良県桜井市の三輪山《みわやま》）に登り、東国に向けて槍を突き上げる夢を見たというので、崇神は東国の統治を委ねた。活目尊も、御諸山に登る夢を見たが、こちらは縄を四方に張って粟を食べるスズメを追い払った。崇神は活目尊を、皇太子に定めたのだった。

この説話を信じれば、黎明期《れいめいき》の天皇は、皇位継承候補を「占い」によって決めていたことになる。そしてその前提には、「天皇自身が後継者を指名する」という決まりが出来上がっていたことになる。

ただし、のちに触れるように、ヤマトの王には実権が渡されていなかった可能性が高く、この説話を鵜呑みにすることはできない。実際には、ヤマトの王は、王家ではなく、ヤマト政権を構成する「諸要素」によって決められていて、これが伝統となって、少なくとも七世紀まで王は取り巻きや群臣の手によって決められていた可能性が高い。そう思うのは、七世紀に起きた皇位継承をめぐる次の争いがあったからである。

聖徳太子が亡くなったあとの話だ。蘇我氏が専横を極めようとする直前の話でもある。

推古三十六年（六二八）三月六日、病の床に伏した推古天皇《すいこてんのう》は、二人の有力な皇位継承候補を順番に呼び出した。田村皇子《たむらのみこ》（敏達天皇《びだつてんのう》の孫で、このあと即位する舒明天皇《じょめいてんのう》）と聖徳太子の子・山背大兄王《やましろのおおえのみこ》だ。

まず、田村皇子には、次のように述べられた。

「天位に上りつめ、政治を行なうのはたやすくないが、つねに責任がのしかかってきます。だからあなたは慎みをもって、なにごとにも軽々しく発言をしてはなりません」

一方山背大兄王には、次のように述べられた。

「あなたはまだ未熟だから、心に秘めたるものがあったとしても、それを口に出してはいけません。かならず群臣の言葉に従いなさい」

田村皇子の即位を願っていると読み取れるが、ここから事態は複雑になっていく。

皇位継承候補を選んでいたのは取り巻きたち

同年九月、蘇我蝦夷《そがのえみし》は独断で皇位継承者を決めようとしたが、群臣が従わなくなることを恐れ、思いとどまり、みなを集めて、会議を開いた。件《くだん》の遺詔《いしょう》が紹介され、田村皇子に決まりかけたが、蘇我倉麻呂《そがのくらまろ》（蘇我倉山田石川麻呂《そがのくらやまだいしかわのまろ》）は、「簡単に決めるべきではない」と釘をさし、やはり蘇我系豪族の境部摩理勢《さかいべのまりせ》（蘇我馬子の弟か？）は山背大兄王を推した。

そうこうするうちに、山背大兄王がごねだした。紹介された遺詔は、事実と異なるというのだ。むしろ推古天皇は、山背大兄王に期待していたと主張したのだ。「愛する心は他に比べようがありません」と述べられたと言い、さらに推古天皇は使者を遣わし、次のように伝えてきたという。

「あなたの叔父の蝦夷は、つねにあなたのことを気にかけていて、百年ののちには（いつかきっと）、あなたが皇位につかぬことがあろうか、と言っています」

山背大兄王の異母弟も、「われわれは蘇我氏から出た。これは誰もが知っている。だから蘇我蝦夷を高山のように頼りにしている」といい、「軽はずみな言動は控えてほしい」と、圧力をかけたのだった……。

結局このあと、山背大兄王を推す境部摩理勢は蘇我蝦夷に滅ぼされ、田村皇子が即位（舒明天皇）する。舒明天皇が崩御しても、山背大兄王に順番は回ってこなかった。舒明天皇の皇后に立っていた宝皇女《たからのひめみこ》が即位したのだ（皇極天皇）。それでも山背大兄王は、皇位にこだわり、蘇我入鹿に滅ぼされたと『日本書紀』は言う。

推古天皇の遺詔に関して、誰が本当のことを言っているのか、よく分からない。ただしここで問題にしたいのは、別のことだ。

まず、推古天皇の遺詔を、「天皇自身が皇位継承候補を指名した事件」として重視する説がある。しかし、推古天皇崩御ののち、蘇我蝦夷は「最初独断で決めようとした」が、「みなが従わなければ困る」と、合議で決したというのだから、主導権を握っていたのは、王家ではなく、群臣の方だったことがはっきりとわかる。山背大兄王は、「自分が直接受けた言葉は、もっと違っていた」と弁明しているが、推古天皇の遺詔よりも群臣の意見が尊重されたであろうことは、文面から読み取れる。

五世紀末から六世紀初頭、王統に混乱があって、越《こし》（北陸）から応神天皇《おうじんてんのう》五世の孫・男大迹王《おおどのおおきみ》（継体天皇《けいたいてんのう》）を連れてくるときも、活躍したのは大伴《おおとも》氏ら、群臣（豪族たち）であった。

継体即位前紀に、次の記事がある。先代の第二十五武烈天皇《ぶれつてんのう》が崩御してしまったが、子がなかったので、皇統は断絶してしまったのだ。そこで、丹波国の倭彦王《やまとひこのおう》に白羽の矢が立ったのだ。ちなみに、越（北陸）の男大迹王は、このあと候補に挙がっている。

大伴金村大連《おおとものかねむらおおむらじ》はみなに向かって次のように語った。

「今、天皇の後継者は絶えてしまった。天下の人々は、どこに心をつなげばよいのか、分からなくなっている。古《いにしえ》から今に至るまで、災いはこういうことから起きている。今、仲哀天皇《ちゅうあいてんのう》の五世の孫・倭彦王が丹波国の桑田郡（京都府北桑田郡と亀岡市）におられます。ためしに、兵仗《つわもの》を整えて、乗輿《じょうよ》を守り、君主に迎えいれようと思います」

すると、大臣、大連たち（群臣）はみな賛同した。こうしてこのとおり使者を送ると、倭彦王は、迎えの兵を遠くからみて、恐ろしくなって逃げてしまった。

すると大伴金村は、次に越の男大迹王に白羽の矢を立てたのだった。すると、物部《もののべの》麁鹿火《あらかひ》や許勢男人《こせのおびと》らは、「王にふさわしいのは男大迹王だけです」といった……。

このあと男大迹王は、死者の言葉を信じず拒絶するが、河内馬飼荒籠《かわちのうまかいのあらこ》が、密かに使者を送り、大臣や大連《おおむらじ》が男大迹王を迎えようとしている真意を伝えると、男大迹王は申し出を受け入れたという。つまり、継体天皇は、皇統の危機だったにも関わらず、皇族ではなく、群臣の推挙で皇位を手に入れたわけである。

皇極天皇の譲位にどのような意味が隠されていたのか

七世紀前半、ヤマトの王は、取り巻きたちの合議で取り決められていたようだ。この状態は、いつまで続いたのだろう。

『日本書紀』に従えば、譲位の一番手は、皇極天皇ということになる。乙巳《いっし》の変《へん》（六四五）で中大兄皇子と中臣鎌足の手で蘇我入鹿と蘇我本宗家《そがほんそうけ》が滅び、皇極女帝は皇位を下りた。そして、皇極の弟の軽皇子《かるのみこ》が即位した。これが孝徳天皇で、翌年、大化改新（六四六）を断行する。

この譲位には、どのような意味が隠されていたのだろう。なぜ、この段階で、「はじめて譲位が行なわれた」のだろう。そして、皇極天皇の譲位に、のちの院政につながっていく要素はみつかるのだろうか。

まずここで、中大兄皇子と中臣鎌足によるクーデターのいきさつからふり返ってみよう。

六世紀末に、倭国王が隋《ずい》に朝貢した。この最初の遣隋使の記録は、なぜか『日本書紀』にはないが、『隋書《ずいしょ》』倭国伝《わこくでん》に記されている。隋の開皇《かいこう》二十年（六〇〇）、倭王（姓は阿毎《あめ》、字は多利思比孤《たらしひこ》、号して阿輩雞弥《おほけみ》）という者が朝貢してきたという。中国に統一国家・隋が誕生したことで、東アジア情勢も新たな局面を迎えようとしていたのである。

ここで隋の文帝《ぶんてい》は、日本の様子を尋ねている。すると使者は、次のように答えた。

「倭王は天を兄とし、日を弟としている。いまだ日が明けぬころ出てきて政務を行ない、あぐらをかいて座る。陽が出れば、政務を取りやめ、あとは弟（太陽）に委ねる」

これを聞いた文帝は、「はなはだ義理なし（道理のないこと）」と語った。

のちに再び触れるが、これは姉（妹、巫女《みこ》）が神に仕え、弟（兄）が実務を司るという統治システムだったのだが、中国の皇帝には、これが野蛮に思えたのだろう。この一言に倭国政権は衝撃を受けたようで、ここから一気に「近代化」の動きが慌ただしくなる。

隋は仏教を重視していたから、倭国も「仏教を中心に据えた国家造り、近代化政策」を押し進める必要があったのだ。また、隋や唐で整えられていく「皇帝を頂点とした中央集権国家のための法体系＝律令制度《りつりょうせいど》」を大急ぎで学び取り、取り込んでいく必要があった。その中心に立っていたのは、聖徳太子だったが、志半ばで亡くなってしまった……。

ここからは、正史『日本書紀』の記事をなぞっていこう。

さて、聖徳太子亡き後、政権内部で主導権を握ったのは蘇我本宗家（蘇我稲目《そがのいなめ》、馬子、蝦夷、入鹿と続く本家）だった。特に蝦夷と入鹿親子の時代に、全盛期を迎えた。彼ら蘇我本宗家は、聖徳太子の改革事業を継承せず、改革を邪魔していたようだ。

蘇我本宗家が反動勢力と信じられてきた理由は、はっきりしている。『日本書紀』の印象操作が功を奏したからである。

中大兄皇子と中臣鎌足が蘇我入鹿と本宗家を滅ぼした翌年、画期的な大化改新《たいかのかいしん》が成し遂げられたと『日本書紀』は言っている。蘇我氏が衰退し、一気に改革が加速したというのなら、当然蘇我氏が邪魔立てしていたのだろうということになる。

しかし徐々に述べていくように、むしろ蘇我氏は改革派であった。事実蘇我入鹿暗殺の現場で中大兄皇子は、「蘇我氏が改革を邪魔している」とは言っていない。以下、乙巳の変の様子を追っておこう。

乙巳の変を主導しているのは皇極天皇？

皇極四年（六四五）六月十二日、飛鳥板蓋宮大極殿《あすかいたぶきのみやだいごくでん》（奈良県高市郡明日香村）で中大兄皇子に斬りつけられた蘇我入鹿は、皇極天皇のもとににじり寄り、「皇位に就くべきは天の御子《みこ》です。私に罪はありません。どうか、お調べください」と申し上げた。皇極天皇は息子の中大兄皇子に、事態の説明を求めた。中大兄皇子は「蘇我入鹿は皇族を殺め、王の地位を狙っているのです」と答えると、皇極天皇は、その場を離れ、蘇我入鹿は殺されている。

クーデター成功後の六月十四日、皇極天皇は息子の中大兄皇子に皇位を譲ろうとした。しかし中臣鎌足が、中大兄皇子を諫《いさ》めた。腹違いの兄・古人大兄皇子《ふりひとのおおえのみこ》や、叔父の軽皇子《かるのみこ》がいる。古人大兄皇子を差し措いて即位すれば、「謙遜の心に反する」という。だから、叔父を立てて、人々の望みに答えるべきだ、というのである。

中大兄皇子はこの言葉を聞いて喜び、内密に母（皇極）に奏上した。そこで皇極天皇は、弟に皇位を譲る旨を伝えた。しかし軽皇子は、再三固辞し、古人大兄皇子を推した。けれども古人大兄皇子も辞退し、出家して吉野に去ってしまったため、軽皇子は即位した。孝徳天皇の誕生である。

ここに、史上初めての「譲位」が成立した。姉から弟への皇位の禅譲である。

しかも孝徳天皇の即位が決まる過程で、「群臣推戴《ぐんしんすいたい》」の様子がないのだから、王家内部で、次の王が決められたというところに、画期があったと、多くの学者はうなずき合っている。

遠山美都男《とおやまみつお》は乙巳の変と皇極天皇に関して、興味深い指摘を行っている。

軽皇子への譲位は計画的だったという。古人大兄皇子が自主的に出家したのは、クーデター計画の中で古人大兄皇子もターゲットの一人だったからで、古人大兄皇子は観念したといい、こうして皇極は軽皇子に禅譲したと推理した。

すなわち、乙巳の変の最大の目的は、

軽皇子の即位の障壁となる古人大兄皇子と彼を支持する蘇我本宗家を武力で打倒し、それを契機に皇極から孝徳へという史上最初の生前譲位を実現すること（『古代王権と大化改新』雄山閣出版）

と指摘したのだ。そして、蘇我稲目以来蘇我氏が大王家のミウチ（外戚）となって王権に密着してきたその特殊な状態を根底から否定し、新しい王位継承によって、大きく転換しようと目論んだ、という。

乙巳の変といえば、中大兄皇子と中臣鎌足の活躍ばかりが目についていたが、主役は皇極天皇と弟の軽皇子だったという推理、歴史の盲点を突いた発想といえなくもない。しかし、徐々に触れていくように、この仮説に賛同することはできない。皇極天皇と孝徳天皇はどちらも、親蘇我派と筆者は考えるからである。

そして、ここで問題にしたいのは、皇極天皇が歴史上始めて譲位を敢行したこと、そこにどのような意味が隠されていたのか、どのような影響が及ぼされたのかだ。そして、皇極天皇は平安時代の太上天皇（院）のように譲位したことによって、権力を勝ち得たのかどうかである。

政権交替と『日本書紀』

蘇我本宗家滅亡の直後即位した孝徳天皇は、大化改新を断行し、律令整備に邁進《まいしん》した。また難波《なにわ》に永久都城の建設を急いだ（難波宮。大阪市中央区）。

ただしこの時、『日本書紀』のいうような形で一気に制度改革が行われたかというと、疑わしいと誰もが指摘する。その代わり、改革の一歩が踏み出されたことは間違いないとも考えられている。

その孝徳天皇が志半ばで崩御すると、皇極は再び皇位に就いた。これが斉明天皇だ。斉明天皇の時代、飛鳥周辺で盛んに土木工事が行われ、一度滅亡した百済を救援するために、遠征軍を派遣した。斉明天皇みずから九州に赴き、指揮をとり、朝倉 橘 広庭 宮《あさくらのたちばなのひろにわのみや》（福岡県朝倉市）で崩御している。

かつて、斉明天皇といえば、時代に翻弄《ほんろう》された悲劇の女帝と信じられてきたが、むしろ時代を動かしてきたのはこの人物だったのではないかと評価が逆転しつつある。「鉄の女帝」と呼ばれるようになる日も近いだろう。そうなると、斉明天皇はのちの院政と同じように、権力を握るために一度譲位したということになるのだろうか。

義江明子《よしえあきこ》は『古代王権論』（岩波書店）の中で、譲位した皇極に「皇祖母 尊《すめみやおやのみこと》」の尊号があてがわれていたこと、「皇祖母尊」は退位したとはいえ、天皇と同等の身位に定められていて、これはのちの太上天皇の「前史」だと評価している。

しかし、これらの考えに従うことはできない。

その根拠はのちに詳しく紹介するが、ここで注意しておきたいのは、蘇我氏のことだ。

蘇我氏はわれわれが想像するほどの悪人でもないし、王家を蔑《ないがし》ろにしていたわけではない。そして、皇極天皇と蘇我氏の中に亀裂が入っていたとも思えないのである。

蘇我本宗家滅亡から七十五年後の養老《ようろう》四年（七二〇）に、『日本書紀』は編纂された。この時権力者の地位に立っていた、藤原不比等は、蘇我入鹿殺しの主犯格・中臣鎌足の子である。

今日に至るまで、「古代最大の悪人は蘇我入鹿」と信じられてきた。これは、『日本書紀』にそう書いてあったからにほかならない。しかしこれは、歴史の勝者の一方的な主張だったのではあるまいか。

藤原氏は紆余曲折を経ながらも、近代、現代に至るまで、日本エスタブリッシュメントであり続けた。武士が台頭したあとも、天皇家を中心とする朝廷を牛耳ってきたのは藤原氏だ。だから、『日本書紀』は一度も批判されることなく、「正史」として尊重されてきたのである。

しかしすでに述べたように、「正史」は、「正しい歴史書」ではない。中国では歴史書は前王朝の滅亡とともに記されることが多かった。新王朝が「前王朝がいかに腐敗していたか」「世直しの正当性」を訴えるために編纂したのだ。

日本の場合、七世紀から八世紀にかけて、王朝交替は起きていない。ならば、なぜ『日本書紀』は編纂されたのかといえば、政権交替が起きていたからだろう。これまで「天皇家の正当性、正統性を証明するために『日本書紀』は書かれた」と信じられてきたが、これは大きな間違いだ。

七世紀に起きていたのは、蘇我氏から藤原氏への「権力者の交替」であって、この政変劇を美化するために、『日本書紀』は求められたのだ。その証拠に、藤原氏の書いた『藤氏家伝《とうしかでん》』と『日本書紀』の内容は、驚くほどよく似ている。

中大兄皇子もコケにした『日本書紀』

藤原氏は権力者の座につくまで、多くの罪なき者を数多殺めていた。だから、藤原氏は正義を証明する必要に迫られ、そのために『日本書紀』を編纂している。『日本書紀』は天皇礼讃ではなく、藤原氏の犯してきた罪を拭い去るために記されたのであり、『日本書紀』は天皇を礼讃しているとは限らないのである。

たとえば『日本書紀』は蘇我入鹿暗殺現場の中大兄皇子をコケにしている。中大兄皇子と中臣鎌足は手勢を率いて飛鳥板蓋宮大極殿で蘇我入鹿を暗殺したが、この時中大兄皇子は自ら体を張って蘇我入鹿に斬りかかっている。ところが中臣鎌足は、後ろで弓を持って安全な場所で傍観していた。

中大兄皇子は皇位継承候補で、中臣鎌足は「素浪人」であった。それにもかかわらず、中臣鎌足は高みの見物をしていたという話、『日本書紀』編者の「意地の悪さ」が露骨に現れている。

こののち触れていくように、藤原氏は天皇を私物化し、言うことを聞かない皇族は容赦なく排除（殺す場合もある）していった。藤原氏は天皇家を都合の良い道具としか思っていない。だから、中臣鎌足のそそのかしに乗って蘇我入鹿暗殺計画に体を張り藤原氏繁栄の基礎を築いた中大兄皇子を『日本書紀』は軽く扱っている。

中大兄皇子が強行した白村江《はくそんこう》の戦《たたか》い（六六三）の大敗北ののち近江に遷都する際、失火が相次ぎ、中大兄皇子の失策を罵っている人が大勢いたと記録している。

斉明天皇は白村江に向かう前に盛んに土木工事を行ったことを、人々が非難していたことを記録している。出来上がった垣はすぐに壊れるだろうと、罵られ、三万余人が狩り出されて掘られた渠《みぞ》（溝）を、「狂心《たぶれごころ》の渠《みぞ》」と批難したとある。遠征の準備にかかると、「負けるに決まっている」と、人々が噂し合っていたことを『日本書紀』は記録している。

しかしこれは、斉明の仕事ではない。『藤氏家伝』は斉明天皇が「庶務は皇太子（中大兄皇子）に委ねた」と言い、斉明朝で実権を握っていたのは中大兄皇子だったと証言している。

『日本書紀』は、中大兄皇子を礼讃するどころか、愚弄している。「中臣鎌足にうまいように利用された暗愚」と言い、舌を出している。

『日本書紀』は藤原氏のために記された歴史書で、蘇我氏が悪し様《あざま》に書かれることは、当然だったのだ。だから、本当に蘇我氏が大悪人だったのかどうか、われわれは『日本書紀』を疑いの目を持って読みなおす必要があるし、皇極と蘇我氏の関係も見直さねばならない。

蘇我入鹿と皇極天皇の関係

蘇我入鹿が斬りつけられたとき、皇極天皇は狼狽していた。その様子が『日本書紀』に描かれていたが、この一節だけでも、皇極天皇の気持ちが透けてみえてくる。『藤氏家伝』にも「寵幸近臣宗我鞍作（蘇我入鹿）」という一節があって、皇極天皇が蘇我入鹿を寵愛していたことが記録されている。藤原氏の証言だけに無視できない。

この「寵幸近臣」を「肉体関係にある近臣」と解釈する説もあるが（梅原猛『塔下』集英社文庫）、蘇我氏全盛期に立てられた女帝が皇極ならば、蘇我氏との関係が良好であってもなんら不思議ではないし、事実皇極天皇は舒明天皇に嫁ぐ以前、蘇我系皇族・高向王《たかむこのおおきみ》と結ばれて子を産んでいる（ここは大切なところなので、再び触れる）。どう考えても皇極天皇は親蘇我派であろう。

そう考えると、遠山美都男が推理するように、弟に位を譲り天皇の力を強くしたいために、蘇我入鹿を滅ぼしたとは考えられない。斉明天皇にまとわりついた次の鬼の話からも、蘇我入鹿との絆を感じずにはいられない。

『日本書紀』斉明元年（六五五）夏五月条に、奇妙な記事が載る。「唐人に似た青い油笠をかぶって竜に乗るものが、葛城山《かつらぎさん》から生駒山《いこまやま》に飛び、隠れ、昼になって住吉《すみよし》の松嶺《まつのみね》から、西に向かって飛び去った」とある。古来、「笠や蓑《みの》を着る者は鬼」と目されていた。龍に乗った鬼である。

斉明七年（六六一）五月、斉明天皇は朝倉橘広庭宮に滞在していたが、宮を造るための木を切り出したところ、雷神が怒って宮を稲妻が走り、鬼火《おにび》（人魂）が徘徊《はいかい》した。多くの舎人《とねり》（役人）が病に倒れ死に、斉明天皇も二ヶ月後に崩御。斉明天皇の葬儀の様子を、大笠をかぶった鬼が、朝倉山から見つめていたと『日本書紀』は言う。なぜ斉明天皇に、鬼がまとわりついたのだろう。

平安末期に編まれた『扶桑略記《ふそうりゃっき》』には、これらの鬼が「豊浦大臣《とゆらのおおおみ》の霊魂の仕業」だと言っている。豊浦大臣は、蘇我蝦夷か入鹿のどちらかで、いきさつ上、蘇我入鹿と考えられる。

とるに足らない伝承と笑殺はできない。蘇我入鹿が祟って鬼になっていたと多くの人が信じていたのであり、それはなぜかといえば、蘇我入鹿に罪はなかったからだろう。蘇我氏見直し論が徐々に提出されるようになってきたが、蘇我氏こそ、改革派であり、皇極天皇も蘇我氏の事業を後押ししていたのだろう。

しかし、息子の中大兄皇子が中臣鎌足とともにクーデターを起こし、形の上とはいえ、皇極は蘇我入鹿を裏切ることになってしまった。だからのちの人びとは、蘇我入鹿を恐れ、祟りを信じたのだろう。

そして、なぜ皇極天皇が王位を弟に委ねたのかといえば、「失意」「落胆」と解することが可能となる。

姉から皇位を譲られた孝徳天皇は、意外にも「蘇我系の人脈」を重視していた。中大兄皇子や中臣鎌足が師事したブレーン・南淵請安《みなぶちのしょうあん》を無視し、蘇我氏のもとで活躍した僧旻《そうみん》を頼った。重臣も蘇我系の人脈で固め、蘇我入鹿存命中に決まっていたと考えられる難波遷都に固執したことなど、孝徳天皇は蘇我氏と皇極天皇が計画していた改革事業を忠実に実行していたと思われる。

これまで改革派と信じられてきた中大兄皇子と中臣鎌足に、新政権で活躍はない。やったことと言えば、古人大兄皇子や蘇我倉山田石川麻呂の謀反事件のきっかけを作ったことで、なぜか密告人が「謀反の疑いあり」と、天皇ではなく中大兄皇子に報告し、中大兄皇子が中心になって謀反人征伐を行っている。これは、孝徳朝の要人暗殺を謀反に見せかけたのにすぎない。

孝徳天皇が頼っていた人々は次々と亡くなり、僧旻の病を見舞った孝徳天皇は「あなたが死ねば、私も死ぬ」と、弱音を吐いたが、その直後、中大兄皇子は孝徳天皇を捨てて、飛鳥に都を遷してしまった。こうしてはじめて、中大兄皇子は実権を握ることができたのであり、乙巳の変と初めての譲位を「皇極天皇の陰謀」を想定することはできない。

皇極天皇の譲位は、「失意と落胆」が原因であり、「権力奪取」などという推理は、あてはまらないのである。

ならば、平安時代の天皇は、なぜ譲位することで権力を握ることができたのだろう。

そこに、至る道のりを探っておきたい。

第2章

巫女とヤマトの大王

天皇家の帝王学

譲位や太上天皇《だいじょうてんのう》（院）の謎を解くために、「そもそも天皇（大王）とは何者なのか」を知っておく必要がある。

「それが分からないから、みな苦労しているのだろう？」と、きつい言葉を頂戴しそうだ。しかし、ヤマト建国の様子が分かってみると、おおよその見当はつくのだ。以下、説明していこう。

さて、天皇が長く続いた理由に関して、ひとつの理由に、幼少のころから、独自の君徳を養う帝王学を学び続けてきたからではないか、とする説がある。平安時代初期から、読み継がれる必読書があった。それが『群書治要《ぐんしょちよう》』（全五十巻。唐の時代にまとめられた、六十七の典籍から、治政の要諦を集めた文書）である。

平安前期の第五十九代宇多天皇《うだてんのう》は、譲位するに際し『寛平御遺誡《かんぴょうのごゆいかい》』を書き、醍醐天皇に与え、神祇《じんぎ》を敬い、公卿《くぎょう》の意見をよく聞き、『群書治要』を読むようにと戒めた。宇多天皇に限らず、良質な帝王学のつながりが、天皇家の伝統となり現代まで継承され、だからこそ、国民に信頼されてきた、というわけだ。

尊敬され慕われる王は、平安時代初期に産まれたのではなく、ヤマトの王の本質だったのではあるまいか。

第十六代仁徳天皇《にんとくてんのう》は、聖帝と称えられていたようだ。『古事記《こじき》』の記事を追ってみよう。

天皇は高い山に登って、四方の国を見渡して、次のように詔した。

「国の中に煙が立っていない。国中みな貧窮《ひんきゅう》している（炊事の火を使っていない）。だから今から三年、ことごとく民の課役《かえき》（租税《そぜい》と夫役《ぶやく》）を免除しなさい」

このため、（仁徳天皇の）大殿（宮）は破れ壊れて（税収がないから仕方ない）、雨漏りしてしまったが、修繕することもなかった。木の箱で雨を受けて、雨が洩れていない場所に移った。のちに、国を見渡すと、煙が満ちていた。だから民は富んだと思い、課役を再開した。民は栄え、夫役も苦にならなかった。そこで、仁徳天皇を讃えて、「聖帝《ひじりのみかど》の世」と言った。

『日本書紀』仁徳四年春二月条にも、よく似た話が載る。

国が豊かになった様子を観て、天皇は皇后に、次のように述べた。

「私は豊かになった。もう憂うことはない」

宮がボロボロなのに、といぶかしんだ皇后は、

「なぜ、富んだとおっしゃるのですか」

と尋ねた。すると天皇は、

「天が君（天皇）を立てるのは百姓《おおみたから》（民）のためだ。だから、何事も百姓を一番に考えるのだ。古《いにしえ》の聖王は、ひとりでも飢え、凍えている人がいれば、自分を責めたものだ。百姓が貧しいときは、朕《われ》も貧しい。百姓が富むときは、朕も富むのだ。いまだかつて百姓が富んで君が貧しいということはなかったのだ」

と述べられた。

仁徳十年冬十月、始めて課役を科し、宮を建てた。百姓たちは老いも若きも昼夜を問わず競って手伝った。だから、あっという間に宮は完成した。このため仁徳天皇は「聖帝」と呼ばれた……。

『日本書紀《にほんしょき》』は手放しで仁徳天皇を礼讃している。もちろん、史料批判なくしてこれらの記事を信じることはできない。養老四年（七二〇）に編纂《へんさん》された『日本書紀』は、天皇の歴史を礼讃するために記されたと考えられている。

しかし、すでに述べたように、『日本書紀』編纂の目的は、必ずしも天皇礼讃ではなかったし、ヤマトの王に与えられた役目は、「祭祀《さいし》と調整」にあったとしか思えない。つまり、天皇が権力を持っていたのかどうかという謎があるが、原則として王は「民を思いやるよい人」を義務づけられていたとしか思えない。その理由を探ることが、この本の目的のひとつでもある。

前方後円墳は役に立っていたのか

ヤマト建国と同時に巨大な前方後円墳《ぜんぽうこうえんふん》が誕生し、各地に伝播《でんぱ》していった。あの大きな墳墓を見上げれば、「古代の天皇はよほど強大な権力を握っていたのだろう」と思えてくるが、あにはからんや、前方後円墳は、各地の弥生時代後期の埋葬文化を寄せ集めたもので、そもそもヤマトの成り立ちも、多くの地域の首長の寄せ集めが原初の姿だった。

しかも、ヤマトの王は強制的に前方後円墳を造らせたのではなく、民は、嬉嬉《きき》として王の墓造りを手伝っていた可能性が高い。

人間の不思議な性質に「過剰をため込んで一気に蕩尽《とうじん》する（使い果たす）」というものがあって、たとえば年に一度の「お祭り」に、全精力を使い果たすという、はたから見ればあきれかえるような人たちが、大勢いるのだ。諏訪大社《すわたいしゃ》の七年に一度（かぞえで七年、実際には六年に一度）の御柱祭《おんばしらさい》に、命を失っても、祭りにかけるという「蕩尽好き」が集まってくるのだ。

古墳が「権威の象徴」を意味するだけではなく、役に立っていたのではないかと言う指摘もある。

五世紀の河内《かわち》（大阪府）に、巨大な前方後円墳が造営されていたことはよく知られている。有名な大仙陵古墳《だいせんりょうこふん》（仁徳天皇陵。大阪府堺市）の墳丘の長さは四八六メートルで、高さ三五．八メートル（後円部）もある。これは、ちょっとした山で、エジプトのクフ王のピラミッドは、高さは一四六メートルだが、基底部の一辺の長さは二三〇メートルで、面積では大仙陵古墳に軍配が上がる。日本の前方後円墳は世界最大の面積を誇っていた。これほど大きな古墳は、朝鮮半島には存在しない。

なぜ化け物のような墓が必要だったのだろう。

「水はけをよくするための土木工事を兼ねていたのではないか」

とする説があり、これが無視できない。

古代の大阪のほとんどは大阪湾と河内湖（湾）の底で、水面の中央に、半島状に伸びた土地があって、それが現在の上町台地になった。突端近くには、難波宮《なにわのみや》が築かれ、戦国時代には石山本願寺《いしやまほんがんじ》が、その後豊臣秀吉《とよとみひでよし》が大坂城を築いている。

河内湖は大阪府のみならず、奈良県、三重県、滋賀県、京都府から流れ込む水をすべて受けとめ、上町台地の北側付近から、かろうじて瀬戸内海に水を排出していたが、土砂は溜まり続け、水はけが悪くなってしまったのだ。このため、河内湖の周辺地域では、たびたび水害が起きていたようなのだ。

『日本書紀』仁徳十一年夏四月条に、仁徳天皇が、河内の開墾を進めれば、水害を乗り越えられると言っている。

今、この国を見れば、野や沢が広く、田や畑は少なく乏しい。また、河川は蛇行し、流れは滞っている。少しでも長雨が降れば、海水は逆流し、里は船に乗ったように浮かびあがり、道はドロドロになる。だから群臣たちも、この状態を見て、水路を掘って水の流れを造り、逆流を防ぎ田や家を守れ。

そこで仁徳天皇は、同年冬十月、宮の北側を掘り、南の水をひいて西の海に流した。それで、この川を「堀江《ほりえ》」と呼んだ。上町台地の途中に水路を掘削し、水路のショートカットを造ったのだ。これが難波の堀江（大阪市中央区）で、六世紀の仏教導入をめぐる争いの中で、物部守屋《もののべのもりや》が蘇我氏の祀る仏像を、ここに流したことで知られている。また、大坂城の濠《ほり》にも利用され、今でも川となって残っている。現在の大川（旧淀川）が、まさにその痕跡だ。

ヤマト政権が治水事業に専念してくれたおかげで、五世紀の日本列島は豊かになっていくのである。

なぜ巨大前方後円墳にこだわったかというと、ヤマトの王家の「意外な姿」を知ってほしかったからだ。『日本書紀』はヤマト建国を「神武東征《じんむとうせい》」に求めた。したがって、「強い何者かが西からやってきてヤマトを征服したのではないか」という漠然とした常識がまかり通っていた。

しかし考古学は、ヤマト建国時からヤマトの王は「寄せ集め集団の中のゆるやかな統治者」だったことを裏付けたのだった。しかも、「聖帝」と称えられていた理由を前方後円墳が示してくれたのである。

古代人は神祭りとして前方後円墳を造った？

邪馬台国《やまたいこく》の卑弥呼《ひみこ》が「鬼道を駆使して民を惑わしていた」と「魏志倭人伝《ぎしわじんでん》」は言うが、七世紀に至っても、民は王の「神通力」に期待してもいた。このあたりの事情を明確にするためにも、もう少しヤマト建国と邪馬台国を話しておきたい。

ここで再び、ヤマト黎明期の前方後円墳の話をしておこうと思う。

ヤマト建国の象徴は前方後円墳だが、最初期の前方後円墳の代表格が、箸墓《はしはか》（箸中山《はしなかやま》古墳《こふん》）。全長は二七三メートル、後円部の径一六〇メートル、高さ三〇メートル）だ。炭素14年代法で遺物を調べたところ、箸墓が三世紀半ばの造営の可能性が出て来て、「これこそ卑弥呼の墓」と騒がれているが、炭素14年代法の三世紀後半から四世紀にかけての測定値には数十年の誤差があって、もっとも古く見積もると三世紀半ばの造営になるだけの話だ。まだ、ここが邪馬台国と結びつくかどうか、はっきりと分かったわけではない。ただし箸墓（箸中山古墳）の造営が、ヤマト建国の象徴的事件であったことは間違いない。

ここで注目したいのは、箸墓の造営されるいきさつが、『日本書紀』に記録されていること、「人と神が造った」と語られていることだ。

『日本書紀』崇神十年九月条に、御諸山《みもろやま》（奈良県桜井市の三輪山《みわやま》）に祀られる出雲神・大物主神《おおものぬしのかみ》の妻となった倭迹迹日百襲姫命《やまとととびももそひめのみこと》の話が載る。倭迹迹日百襲姫命とは、第七代孝霊天皇《こうれいてんのう》の娘で、同母姉弟に吉備津彦命《きびつひこのみこと》がいる。すでに述べたように、前方後円墳はいろいろな地域の埋葬文化を寄せ集めて完成したが、吉備の影響力がもっとも強く、最初期の前方後円墳の埋葬者が「吉備津彦命の縁者」だったことは、じつに暗示的だ。

それはさておき、倭迹迹日百襲姫命が箸墓に葬られるいきさつを、みておこう。

大物主神はいつも夜通ってきた。だから倭迹迹日百襲姫命は、

「明るい時間帯に来てくれないので、ご尊顔を拝見することもできません」

と拗《す》ねたのだった。大物主神は「もっともなことだ」と言い、「明朝、おまえの櫛笥《くしげ》（櫛を入れる箱）に入っていよう」と言った。不思議に思ったが、夜が明けたあと、櫛笥を見ると、美しい小蛇がいた。その長さと太さは、衣のヒモのようだった。倭迹迹日

百襲姫命は驚き叫んでしまった。すると大物主神は恥じて人の姿に戻った。

「おまえはこらえきれずに驚き叫んで、私に恥をかかせた。今度は、おまえに恥をかかせよう」

こうして大物主神は、大空を踏みとどろかせ（雷神だった。雷鳴を轟《とどろ》かせながら）、御諸山に登って行かれた。

倭迹迹日百襲姫命は、去って行く大物主神を仰ぎみて、悔いて、尻餅をついた。そして、箸でホト（陰）を突いて亡くなられた。

そして、倭迹迹日百襲姫命の墓が造られたのだ。昼は人が、夜は神が造った。大坂山《おおさかやま》（奈良県香芝市穴虫。二上山の北側）の石を運んで造った。山から墓に至るまで、民が並んで、手渡しをした。時の人は、次の歌を詠んだ。

大坂《おほさか》に　継《つ》ぎ登《のぼ》れる　石群《いしむら》を　手逓伝《てごし》に越《こ》さば　越《こ》しかてむかも

「大坂から石を運ぶなど、できないと思っているだろ。いやいや、人が並んで運べば、不可能も可能になっちまうのだ」

これが、箸墓誕生の物語だ。無視できないのは、民は不満を漏らしていないことで、「われわれには、できそうもないことをやってのけた」と自慢気に歌っていることだ。しかも、「神と人が組んで造った」と言っている。ここが味噌だと思う。

前方後円墳造営は、神祭りなのだろう。諏訪の御柱祭と同じように、みなで協力して神を祭るから、苦役ではなく、楽しくて仕方なかったのだろう。そうでなければ、三世紀後半から六世紀末（関東では七世紀初頭）まで、巨大前方後円墳を造り続けることはできなかっただろう。

独裁王が「オレサマの古墳を造れ」と命じていたのなら、それこそ民は疲弊《ひへい》し、王権は打ち倒されていたにちがいない。

なぜヤマト建国によって弥生時代の混乱が収束したのか

強大な権力を誇示するために前方後円墳が造られたのではない。王や大王は「祭りの旗振り役」と考えると分かりやすい。絶対的な力で王朝を樹立してきた中国には、日本の王の本質は、分かるまい。日本の王、大王、天皇は、権力を持たない弱い王なのだ。

いや、日本の学校でも、日本の王の本質を教えてくれることはない。だから、ここではっきりと、日本の王の正体を、明らかにしておかなければならない。

『日本書紀』はヤマトの王家のはじまりを神武東征説話から始めている。九州南部、日《ひ》向《むか》の地から神武天皇はヤマトにやってきた。それが、今から二千数百年も前のことだと『日本書紀』は言う。当然今では、「こんな話、ありえない」と、考えられるようになった。考古学的にも、弥生時代のヤマトに、日本の中心になるような勢力は存在していなかったことが分かっている。

そこで注目されたのは、神武天皇《じんむてんのう》と同じように「ハツクニシラス天皇（初めてこの国を治めた天皇）と称えられた第十代崇神天皇《すじんてんのう》で、神武天皇は治政の始めと終わりの記事が詳しく、途中が抜け落ちていて、かたや崇神天皇はその逆なので、「二人は同一人物で、ふたつに話を分けてしまったのではないか」と考えられるようになった。本来、崇神天皇が初代王だったのに、「天皇の歴史をなるべく古くみせかける必要があった」ため、説話をふたつに分けたのだろうという。ほぼこれが、定説になった。

また、神武天皇が南部九州からやってきたという設定に関して、実際には北部九州からやってきたのだろうと考えられている。この発想が、江上波夫《えがみなみお》の騎馬民族日本征服説や水野祐《みずのゆう》の三王朝交替説とつながっていることは間違いない。また、邪馬台国北部九州論者は、邪馬台国は北部九州にあって、のちに東に移ってヤマトを建国したのだろうと推理し、有力視されてきた。

くどいようだが、朝鮮半島の強い王が日本を征服したという話は、もはや通用しない。ヤマト建国の象徴・前方後円墳は、日本で編み出されたものだ。朝鮮半島の王が日本に押しかけてきて造らせたものではない。

『新羅本紀《しらぎほんぎ》』（『三国史記《さんごくしき》』）の西暦二九五年の記事に、倭人《わじん》が朝鮮半島南部の新羅《しらぎ》周辺に兵を繰り出してくるため、安心できないこと、百済《くだら》と手を組んで、海を渡って攻めてみようか、という話がある。すると、次の意見があった。

「われら（朝鮮半島の人たち）は水戦に慣れていません。危険を冒して遠征すれば、おそらく不測の事態を招くでしょう。それに、百済は信用できません」

朝鮮半島と日本列島をつないでいたのは、壱岐《いき》や対馬《つしま》、九州北西部の「倭人の海人」であり、朝鮮半島の人々は、海に不慣れだったことがわかる。渡来人が大挙して海を渡って日本列島を席巻したという話は、幻想である。

また、ヤマト建国の考古学が進展して、ヤマトの王が『日本書紀』の言うように九州からやってきたかどうか、分からなくなってきた。ヤマト建国時、各地から多くの土器が集まってきたが、九州の土器は、ほとんどやってこなかったからだ。

ここに大きな謎がある。弥生時代を通じて、日本列島の最先端地域は北部九州で、鉄器の保有量も、他の地域を圧倒していた。そして、ヤマトは鉄の過疎地帯だった。ここに大きな謎がある。

それに、『日本書紀』は神武天皇がヤマトの土着の勢力と武力衝突したと記録し、「ヤマトの王は征服者」と信じられてきたが、これも考古学的には、否定されようとしている。ヤマト建国直前の日本列島は、中国の歴史書に「倭国大乱《わこくたいらん》」と記されるほど混乱していたはずなのに、なぜか、ヤマトは軍事衝突なくして成立し、しかも弥生時代後期の戦乱の時代が、ヤマト建国後収束されたようなのだ。いったいヤマトで、なにが起きていたのだろう。

突然ヤマトに現れた纒向遺跡

三世紀初頭の三輪山《みわやま》と巻向山山麓《まきむくさんさんろく》の扇状地に、忽然《こつぜん》と都市が出現し、四世紀前半まで継続した。それが纒向遺跡《まきむくいせき》（奈良県桜井市）で、政治と宗教に特化された。第一次産業従事者のいない、国の中心にふさわしい施設だった。導水施設や総延長二・六キロに及ぶ運河も具えていた。

纒向遺跡は藤原宮と同等の規模を誇る。東西約二キロ、南北約二キロ、底辺約二キロの三角形だ（出現当初は約一キロ四方だったが）。また、弥生時代のような「環濠《かんごう》」がなかったのも、大きな特徴のひとつだ。

ちなみに、第十代崇神天皇の宮は「磯城瑞籬宮《しきのみずかきのみや》」で、纒向に隣接し、また第十一代垂仁天皇《すいにんてんのう》は「纒向珠城宮《まきむくたまきのみや》」、第十二代景行天皇《けいこうてんのう》は「纒向日代宮《まきむくひしろのみや》」と、黎明期の王が纒向と周辺に宮を置いていたと伝わっていたことが分かる。

各地から土器が集まっていたことも纒向遺跡の特徴だ。外来系の土器の割合は多い順に並べると、次のようになる。東海四九％、山陰・北陸一七％、河内一〇％、吉備七％、関東五％、近江五％、西部瀬戸内三％、播磨三％、紀伊一％で、すでに述べたように、北部九州の土器が、ほとんどなかった。また、東海地方の土器が半数近くを占めていたことも驚きだ。

土器が持ち込まれたということは、それぞれの地域の人々が集まってきたことを意味していて、埋葬文化も寄せ集められた。その結果完成したのが、前方後円墳である。

前方後円墳は四世紀に各地に伝播し、それぞれの地域の首長が、これを受け入れ、

「同じ埋葬文化を共有するゆるやかな連合体」が生まれたのだ。『日本書紀』は、崇神天皇の時代に日本各地に将軍を派遣して「言向《ことむ》け和平《やわ》した」と説明するが、実際はその逆で、「この指とまれ」をするように、いっせいに地方の人々がヤマトに集まり、政権を打ち立てていたのだ。ここに、ヤマト建国の謎がある。

ところで、ヤマト建国の直前、二世紀後半に邪馬台国の卑弥呼が登場し、「魏志倭人伝」に記録されたが、纏向の成立とは、時間の差がある。そこで、邪馬台国は最初北部九州にあって、のちにヤマトに移動したのだろうとかつては信じられていたが、纏向に北部九州の土器がもたらされていないのだから、この考えは、すでに説得力が無い。

もうひとつ、九州からヤマトへ、というこれまでの常識は覆す材料がある。纏向が誕生した直後（ヤマト建国の直前でもある）、三世紀前半の人々の移動していた様子がはっきりと分かってきて、人々は、「東海からヤマトへ」「ヤマトから西（九州）へ」「山陰から西へ」と、大挙して移動していることが分かったのだ。

なぜ当時の人々の動きが掌握できるかというと、旅には「マイ土器」が必要で（旅館も、気のきいたホテルもなかった）、土器を背負って旅をし、移動先に長期間滞在するとなると、現地で土器を焼かねばならず、その場合、どうしても、故郷で造っていた土器と同じ形になってしまったというわけ。

そうなってくると、邪馬台国はヤマトにあって、成長した、ということになりそうだが、話はそう単純ではない。邪馬台国とヤマトをつなげて考えようとするから、話がややこしくなるのだ。

ヤマトの長所・九州の弱点

まず、ヤマト建国の謎から、片づけてしまおう。他の拙著の中で述べてきたことなので（『台与の正体』河出書房新社）簡単に説明しておく。

鉄の過疎地だったヤマトに、なぜ三世紀初頭、いっせいに多くの地域が集まってきたのか、そしてなぜ、北部九州は出遅れたのか、これが、ヤマト建国の最大の謎だ。しかし、考古学の物証から、ひとつの推理が浮かび上がってくる。

弥生時代後期の北部九州は、鉄器を独占的に入手していた。沿岸地帯には天然の良港がいくつもあり、壱岐、対馬という止まり木を経由して、朝鮮半島に向かうことができる。航海を得意とする倭の海人の歴史がある。「魏志倭人伝」にも、「彼らは南北市糴《してき》（交易）をして暮らしている」と記され、盛んに鉄器を輸入していたわけだ。

北部九州は、他の地域に鉄を渡そうとは思っていなかった。鉄の農具を使えば、生産性が向上し、豊かになる。武器の大量生産も可能で、敵に鉄を渡すことはできない。

北部九州は、なんとしても、ヤマトの勃興を押さえなければならない理由があった。それは、ヤマトが「西側からの攻撃に頗る強い」ということ、もうひとつは、北部九州が「東側からの攻撃にすこぶる弱い」ということだ。だから、一度ヤマトの盆地に強大な勢力が誕生すれば、北部九州は太刀打ちできなかったのだ。

そこで北部九州は、関門海峡を封鎖し、日本海ルートの出雲と手を組み、「東に鉄を回さない意地悪（よく言えば自衛策）」をとった。出雲と吉備に鉄を回すが、そこで鉄を通せんぼうしたわけだ。これでヤマトは、死に体である。

ところが、ここで奇妙な化学反応が起きる。出雲は富を蓄え、四隅突出型墳丘墓《よすみとっしゅつがたふんきゅうぼ》という巨大な墳丘墓を完成させた。これが日本海を東に伝播して北陸（越前、越中）でも採用されて「出雲同盟」を結成していくが、但馬《たじま》、丹波、若狭の地域の首長（筆者はこれを「タニハ（旦波、丹波）連合と呼んでいる。以下、「タニハ」で統一）は、ヘソを曲げてこの埋葬様式を拒絶した。それだけならまだしも、越前、越中の「出雲同盟」の向こう側、越後と手を組み、遠交近攻策に打って出たのだ。

さらに、朝鮮半島との間に独自の流通ルートを確保し、鉄を入手し、それを内陸に向かって供給し始めた。この結果、近江（滋賀県）や東海地方が、富を蓄えていったのだ。近江の伊勢遺跡《いせいせき》が発展し、弥生時代を代表する環濠集落《かんごうしゅうらく》になっていく。吉野ヶ里遺跡《よしのがりいせき》と対等の規模を誇っていた。

もうひとつ特筆すべきは、纒向遺跡が出現したちょうどその頃、近江と東海地方に前《ぜん》方後方墳《ぽうこうほうふん》（前も後ろも方形）が誕生し、前方後円墳が各地に伝播するよりも速く、東国を中心に広がりを見せていたことだ。

邪馬台国はどこにあったのか

ここで思い出していただきたいのは、纒向に集まった土器のパーセンテージだ。東海と近江を合わせれば、過半数に達していた。なぜ「東」から、多くの人が集まったのだろう。これまで史学界は、「どうせ労働力として狩り出されたのだろう」と、鼻で笑っていたのだ。しかし、「東の実力」は無視できないし、「東がヤマトを押さえてしまえば、西の勢力にとって、取り返しのつかないことになる」のだから、「東」は戦略的にヤマトに乗り込み、だからこそ「西」は、あわてて、ヤマトに乗り込んできたのだろう。これが、ヤマト建国の前段階ということになる。

こういうことではなかったか。ヤマトの意味を知っていた「タニハ」が、近江と東海をけしかけ、先に乗り込ませようとし、これに気付いた西が慌てたからこそ、多くの人たちが、いっせいに「なにもない（大袈裟に言っている）ヤマト」に集まってきたのだろう。これが纒向誕生のきっかけだ。

ならば、三世紀からしばらく時代が重なる邪馬台国とヤマトの関係を、どう考えればよいのだろう。

国学者・本居宣長《もとおりのりなが》が江戸時代にすでに掲げていた、邪馬台国偽僭《ぎせん》説が、もっとも正解に近いと思う。

本物の邪馬台国（ヤマト）は畿内の奈良盆地にあったが、北部九州の「女酋《じょしゅう》」が、朝鮮半島に進出してきたばかりの魏に対し「われわれが邪馬台国」と、偽りの報告をして、親魏倭王《しんぎわおう》の称号を獲得してしまったと推理したのだ。

弥生時代の日本の最先端地域だった北部九州には意地もプライドもあっただろう。ヤマトに多くの地域が集まったからといって、そうやすやすと主導権を握られてなるものかと、反撃の機会をうかがっていただろう。しかし、北部九州の沿岸地帯には防衛上の弱点があった。それは大分県日田《ひた》市の盆地で、ここを押さえられてしまっては、背後から襲われる危険が高まったのだ。

実際、三世紀に日田盆地の北側の高台に「政治と宗教に特化された環壕（濠）集落（小迫辻原遺跡《おざこつじばるいせき》）」が出現し、ここに畿内と山陰の土器が集まってきていた。日田を奪われてしまった以上、沿岸部の首長は、降参せざるを得ないが、唯一、久留米市の高良山《こうらさん》が、日田に進出したヤマト勢力に対抗することができた。交通の要衝であるとともに、東西に延びる耳納《みのう》山系の西のはずれに位置する高良山は、兵站が切れることはなく、また、眼下に筑後川《ちくごがわ》と筑紫平野《ちくしへいや》が広がり、展望がきく「山城を築くのにもっとも適した場所」だったのだ。

中世に至るまで、高良山は九州のヘソのような役割を果たし、多くの武将がここに陣を敷いた。磐井《いわい》の乱《らん》（五二七）の最終決戦場もやはりここで、高良山に守られた山門《やまと》県《あがた》（福岡県みやま市）の一帯に、邪馬台国があったのではないかと思われる。すなわち、北部九州の中でも防衛力でヤマトに対抗できる筑後川下流域の勢力が、ヤマトに属することなく、親魏倭王の称号を獲得し、外交戦で優位に立とうと考えたのだろう。「魏志倭人伝」には、卑弥呼の最晩年、邪馬台国が南側の狗奴国《くなこく》と交戦していたとある。

そしてこのころ卑弥呼は亡くなっている。おそらく、「邪馬台国の南から狗奴国が攻めてきた」と言っているのは、実際には「東側から攻めてきたヤマトの軍勢」なのだろう。卑弥呼は「われわれがヤマト」と魏に嘘をついていたから、「東から本物のヤマトが攻めてきた」とは、口が裂けても言えなかったのだろう。

ならば、邪馬台国はここで敗れてしまったのだろうか。「魏志倭人伝」には、卑弥呼の死後男王が立ったが、みな納得せず、争いが起き、千余人が亡くなったこと、そこで卑弥呼の宗女《そうじょ》（一族の女性）・壱与《いよ》（台与《とよ》）を立て、ようやく落ちついた、とある。

では、邪馬台国とヤマトの対立は、その後どうなったのだろう。

邪馬台国の謎を解くヒントは『日本書紀』

邪馬台国の謎を解く最後の鍵を握っているのは、『日本書紀』だと思う。

『日本書紀』編纂者の手元に、ヤマト建国当時の詳しい歴史は残っていなかったと信じられている。だから、古い時代の記事はあてにならないと斬り捨てられる。しかし、よく分かっていたからこそ、歴史を改竄《かいざん》する必要があったのではなかったか。

八世紀の藤原氏は、蘇我氏や物部氏を欺し、ワナにはめ、次々と打倒してきた。たとえば平城京遷都（七一〇）に際し、物部氏最後の宰相・石上《いそのかみの》（物部）麻呂《まろ》を藤原不比等は旧都（新益京《あらましのみやこ》、藤原宮）の留守役にして捨ててしまった。名門一族・物部氏の屈辱的な没落であり、『日本書紀』編纂は、このあと十年後のことだった。

『日本書紀』は神武東征の場面で「ヤマトにはすでにニギハヤヒが君臨していた」と記し、「ニギハヤヒの末裔が物部氏」と言っている。藤原不比等は、卑劣な手口でその物部氏の息の根を止めた張本人であり、物部氏の輝かしい歴史を抹殺する必要があったのだろう。ニギハヤヒは天磐船《あまのいわふね》に乗ってヤマトに乗り込んだと記録しているが、どこからやってきたのか、説明を省略している。知っていたのに、いや、知っていたからこそ、隠匿《いんとく》したのだろう。

ヤマトの前方後円墳は、吉備《きび》（岡山県と広島県東部）の埋葬文化を土台にして完成したと考えられていて、ヤマト建国にもっとも貢献したのは吉備だった。かたや物部氏は奈良県と大阪府の県境付近（東西双方）に拠点を設け、とくに八尾市付近を根城にしていたが、三世紀の八尾市の遺跡から、吉備系の土器が出土している。物部氏は、ヤマト建国に貢献した吉備からやってきたのだろう。

物部氏の祖・ニギハヤヒは、吉備から最先端の埋葬文化を携えヤマトに乗り込み、主導権を握ったにちがいない。

藤原不比等の強敵は、物部氏と蘇我氏で、蘇我氏もヤマト建国に貢献していて、だからこそ、彼らの祖や正体を闇に葬ったと思われる。

『日本書紀』は蘇我氏の祖を明記していない。そのため、「蘇我氏は渡来系の成り上がりではないか」と疑われもした。しかし、もし蘇我氏の出自が賤《いや》しければ、『日本書紀』は書き漏らすことはなかったはずだ。その名を挙げられなかったのは、想像以上に正統な氏族だったからだろう。一方正史ではない『古事記』は、蘇我氏について、建《たけの》内宿禰《うちのすくね》（武内宿禰《たけのうちのすくね》）の末裔《まつえい》で、天皇家の末裔と言っている。

筆者は、このあと述べるように、第十五代応神天皇の母・神功皇后《じんぐうこうごう》と武内宿禰こそ、ヤマト建国と邪馬台国に関わっていたのではないかと疑っている。

神功皇后は邪馬台国時代の人

一般に、応神天皇《おうじんてんのう》は四世紀末ごろの人物と考えられている。第十代崇神天皇がヤマトの初代王とすれば、当然そういう計算になる。しかし、決め付けてはいけない。

『日本書紀』は神功皇后の説話の中で、「魏志倭人伝」を引用している。これをそのまま信じれば、神功皇后は邪馬台国の女王、卑弥呼か台与のどちらかということになるが、もちろん史学界は否定している。『日本書紀』編者に十分な知識がなく、困った挙げ句、干支二巡、ちょうど一二〇年分、時代をずらして、四世紀末の女傑・神功皇后を邪馬台国の女王に重ねてしまったという。

またその一方で、神功皇后など六世紀の女帝をモデルに創作した偶像に過ぎないという説もある。神功皇后は新羅征討を敢行したと言うが、同時代（四世紀後半）の朝鮮半島の広開土王碑《こうかいどおうのひ》には、北方の高句麗《こうくり》が朝鮮半島の最南端まで攻めたこと、倭国を打ち破ったことが記録されていて、『日本書紀』の記事と矛盾すると指摘する。

しかし、「神功皇后の時代は四世紀後半」と決め付けるから話がややこしくなるのであって、「神功皇后は邪馬台国の時代の人」と考えると、むしろ、あらゆる場面で、整合性を帯びてくるのである。

たとえば、『新羅本紀《しらぎほんぎ》』（『三国史記《さんごくしき》』）に、紀元前五十年に倭人が「辺を犯さんと欲す」とあり、西暦一七三年には卑弥呼が使いを遣わし、西暦二〇八年に、「倭人、境を犯す」と、三世紀末、倭人と新羅は戦火を交えたと記録されている。

『日本書紀』に神功皇后の時代、新羅王を海辺で斬り殺し埋めてしまったとあり、新羅王の妻は仕返しをしたと『日本書紀』にある。これとよく似た事件が、『新羅本紀』に残されている。新羅の于老《うろう》が倭国王を侮辱する言葉を吐いたため殺された。于老の妻は恨みを晴らしたとある。西暦二五三年のことで、まさに、纒向や邪馬台国の時代にあたる。

神功皇后は九州の熊襲《くまそ》が背いたという報に接し、夫・仲哀天皇《ちゅうあいてんのう》とともに、九州に向かう。途中穴門豊浦宮《あなとのとゆらのみや》（山口県下関市）にしばらく滞在し、ようやく重い腰を上げると、北部九州の首長たちが、こぞって恭順してきた。そして橿日宮《かしひのみや》（福岡県福岡市）に拠点を移した。

ただしここで仲哀天皇は神の託宣を疑ったために、早死にしてしまう。このあと神功皇后は橿日宮から南を目指し、山門県の女首長（田油津媛《たぶらつひめ》）を殺して反転、新羅征討に向かったのだった。

この『日本書紀』に描かれた神功皇后の説話は、三世紀前半の「土器の流れ」と、邪馬台国偽僭《ぎせん》説をなぞっているように見える。

まず、穴門豊浦宮と橿日宮が、戦略的に観て、抜群の立地だったことに気付かされる。北部九州沿岸地帯の首長たちは、「ヤマトに関門海峡と日田盆地をとられたら、対抗できなくなる」と踏んでいたはずだ。だから三世紀前半のヤマト（纒向《まきむく》）は、関門海峡に睨《にら》みをきかし、なおかつ大分県の内陸部に通じる場所（ようするに穴門豊浦宮）に、拠点を築いたのだろう。神功皇后がここで数年間無駄な時間を過ごしたと『日本書紀』は記録するが、実際には、関門海峡と日田盆地を奪い取るための工作が穴門豊浦宮で行なわれていたのだろう。

その後一気に、北部九州沿岸地帯の首長たちが恭順してきたという話も、こうなると整合性を帯びてくる。

さらに、九州に上陸した神功皇后は、橿日宮に住むが、ここも、「東の勢力」が福岡平野に睨みをきかすに、もっとも適した高台だった。ここから軍を南に進め、「邪馬台国北部九州説の最有力候補地」で、高良山に守られる形の「ヤマト（山門県）」の女首長を討ち取ったという話も、こうなってくると、「おとぎ話ではすまされない」ことに気付かされるはずだ。

おそらく、神功皇后が殺した山門県の女首長は、魏に「われわれがヤマト（邪馬台国）」と報告した卑弥呼であろう。そして、山門県に攻め寄せた神功皇后が、「卑弥呼の宗女台与」であろう。なぜそのような推理を働かせるかというと、神功皇后が多くの説話と伝承の中で、「トヨの海の女神」と接点を持ってくるからである。

出雲神と皇祖神は鏡に映した表と裏

「魏志倭人伝」によれば、卑弥呼亡き後男王が立ったが、みな納得せず、大混乱に陥ったという。そこでやむなく、卑弥呼の宗女・壱与（台与）が立てられた。この男王を否定した場面、神のいいつけを守らずに変死した仲哀天皇によく似ている。ただ、それを証明するだけの材料がない。今のところ、想像でしかない。

ただ、少なくとも、これだけは言える。邪馬台国の卑弥呼が「親魏倭王」の称号を獲得していた以上、卑弥呼殺しは魏を敵に回すことにつながる。だから、卑弥呼の政権を倒した台与が王に立つのは当然だったとしても、魏に対しては、「卑弥呼の関係者（宗女）が王に立った」と、話を作らなければならなかっただろう。

このように、神功皇后を「魏志倭人伝」に描かれた時代の人物と捉え、「卑弥呼を殺した台与」と考えることで、ヤマト建国の考古学と「魏志倭人伝」と『日本書紀』を、矛盾なくつないでゆけるのである。

ただしここで、最後の難題に突き当たる。それは、「このあとなぜ台与は歴史からフエードアウトしてしまったのか」であり、「九州の山門（邪馬台国）の台与とヤマト（奈良県）は、どうやって折り合いをつけていくのか」である。

『日本書紀』はヤマトの初代王を神武天皇＝男王といい、実在の初代王と目される崇神天皇も、男王と言っている。女王はどこに消えてしまったのか……。

『日本書紀』の使うトリックに、「人物（あるいは組織）の正体を抹殺するために、その人物を善と悪ふたつに分解してしまう」がある。

たとえば人間離れした聖者・聖徳太子は、蘇我入鹿を大悪人に仕立て上げるための虚像だと思う。蘇我氏の業績をすべて聖徳太子に預けてしまって、その上で、蘇我入鹿に聖徳太子の子（山背大兄王《やましろのおおえのみこ》）や孫たち（ようするに上宮王家《じょうぐうおうけ》）を討たせて、蘇我入鹿に強烈な悪のイメージを焼き付けたのだ。この手法、「出雲の国譲りと天孫降臨」の神話でも利用し、神功皇后＝トヨの正体と「その後」を歴史から消してしまったのではなかったか。

また、天皇家の祖神と出雲の神が、鏡で映した表と裏で、本来一方だった系譜は、ふたつに分解され、神武天皇の系譜の中で、ひとつに統合されていたのではないかとする説がある（上山春平『続・神々の体系』中公新書）。

馬鹿馬鹿しいと笑っている場合ではない。なぜ天皇家の祖神が、南部九州に舞い下りたのかというと、いわゆる天孫降臨が出雲の国譲り神話と表と裏の関係で、貴種の零落と考えれば、多くの謎が解けてくる。

まず、ここで指摘しておかなければならないのは、上山春平《うえやましゅんぺい》の発想が、「出雲神話など絵空事」「出雲（島根県東部）には巨大勢力が現実には存在しなかった」と信じられていた時代の発想だったことだ。観念的に造られた出雲神というものは「天皇（善）の反対の概念で「悪」と推理され、その発想の延長線上に述べられていたものなのだ。

しかし、出雲（山陰地方）の発掘調査が進展し、弥生時代後期の出雲が、実際に繁栄していたこと、しかも出雲はヤマト建国に参加したのち、なぜか衰退していた事実も分かってきた。そうなってくると、出雲の国譲り神話も、何かしらの歴史に裏付けられていた可能性が出て来た。

そこで改めて考え直さなければならないのは、天皇家の祖神と出雲神が表と裏の関係ならば現実の出雲勢力が天皇家の祖だったのか、ということだ。そこで改めて、出雲の国譲りの真相を確かめておく必要がある。

謎解きのヒントは「出雲をいじめた人たち」の素姓にある、神話の世界では経津主《ふつぬしの》神《かみ》と武甕槌神《たけみかづちのかみ》が「最後の切り札」として出雲に送り込まれ、出雲神から国譲りの言質《げんち》を得ているが、この二柱の神は、物部系と尾張系と目されている。さらに、歴史時代に入っても、たびたび出雲はヤマト政権側にいじめられるのだが、そのたびに、「物部（吉備）」と「尾張（東海）」が、関わってきたのだ。

ここに、大きなヒントが隠されている。

出雲の国譲りと天孫降臨はつながっていた

出雲の神の特徴は、「恐ろしい」ということにつきる。彼らはよく祟る。

第十代崇神天皇の話は、有名だ。天変地異と疫病の蔓延、飢餓などで人口は半減し、不穏な空気が流れた。そこで占ってみると、出雲神・大物主神《おおものぬしのかみ》の意思であることがわかった（要は祟りだ）。そこで大物主神の子を探しだし、祀らせたところ、ようやく世は平静を取り戻したという。これだけではない。出雲神の祟りはいくつも記録されている。

『日本書紀』神話の中で、皇祖神たちは地上界を見下ろしたとき、「邪《あ》しき鬼《もの》」で満ちていると報告している。だから、出雲の神々は邪神として、国譲りを強要された。正義は皇祖神側、天上界側（高天原《たかあまのはら》）にある。

ところが、現実は全く違っていた。出雲神が祟るということは、政権側にやましい心があった裏返しなのだ。出雲で、どんな悲劇が起きていたのだろう。そして、ヤマト政権は、どのように関わっていたのか……。

弥生時代後期の出雲と吉備は、鉄器の保有量を急速に増やし、繁栄を誇っていた。ところがヤマト建国後の吉備は一層栄え、出雲は没落していった。ここで、なにが起きていたのだろう。

神話が終わって歴史時代に入っても、懲りずに「物部系と尾張系が出雲をいじめた」という『日本書紀』の記事が、大きな意味を持ってくる。

「物部と尾張」は「瀬戸内海（吉備）から東（東海）」を結んだラインであり、出雲は「日本海を代表する地域」ということになる。ヤマト建国で一度は大同団結した諸勢力だったが、「ならば、誰が王に立つのか」「どの地域が主導権を握るのか」をめぐり、派閥争いが勃発したのではなかったか。しかも、邪馬台国のヒミコを倒した台与の正体は神功皇后で、この女人は物部や尾張とは敵対する宿命を負っていたのだ。

神功皇后は「息長帯比売命《おきながたらしひめのみこと》」で、近江を代表する名門豪族「息長」の名を持ち、角鹿《つぬが》（福井県敦賀《つるが》市）から日本海を伝って下関、北部九州に向かっていた。途中但馬《たじま》の出石《いずし》（兵庫県豊岡市）を通っていたと思われるが、ここを拠点にしたアメノヒボコも、神功皇后と密接な関係にある。

神功皇后は、近江から山陰地方を経由して北部九州沿岸地帯にいたる人々の利害を代弁する女王であり、神話に言う「出雲」とは、タニハや出雲といった、日本海側の神功皇后を推すグループであろう。

石見《いわみ》（島根県東部）の物部神社《もののべじんじゃ》（大田《おおだ》市）の伝承が、興味深い。ヤマト建国のあと、ニギハヤヒの子の宇摩志麻治命《うましまじのみこと》と尾張氏の祖の天香具《あまのかぐ》（語《ご》）山命《やまのみこと》は、ともに手を携えて越を平定し、天香具山命は弥彦山《やひこやま》の周辺（新潟県西蒲原郡）に留まり、宇摩志麻治命は西に向かい、物部神社の場所に落ちついたという。ここで出雲大社を監視してきたというのだ。

天香具山命と宇摩志麻治命が陣取った場所は、ちょうど出雲の四隅突出型墳丘墓《よすみとっしゅつがたふんきゅうぼ》の分布域を挟み込んでいて、「日本海勢力の航路を遮断する」目的があったのだろう。とすれば、出雲の国譲りとは、ようするに瀬戸内海航路と日本海航路のヤマト建国後に起きた主導権争いだったと察しがつく。そして、その中心に立っていたのが、「日本海から北部九州に乗り込んだトヨ（神功皇后）」であり、日田や高良山を押さえていたトヨは、ヤマトに裏切られ、零落したのだろう。そしてこれが、出雲の国譲り神話に化けたのではあるまいか。

さらに、天孫降臨神話《てんそんこうりんしんわ》の舞台は高千穂峰《たかちほのみね》（宮崎県と鹿児島県の県境の高千穂峰と宮崎県西臼杵郡高千穂町の二説あり）だが、天から山に舞い降りたという話は無視できる。問題はそのあとの足取りで、最初にたどり着いたのがなぜか笠狭碕《かささのみさき》（鹿児島県西北部の野間岬）だった。こちらが本当の第一歩だろう。有明海を南下し、多島海を進めば、自然にたどり着くのが笠狭碕で、これが天孫降臨の本来の説話だろう。

神功皇后は南部九州に逃れ、零落した貴種たちは、ヤマトを呪った。そして、ヤマトの崇神天皇は、神功皇后たちの恨みつらみにおびえ、やむなく神功皇后の子（あるいは末裔）の応神（神武）を、ヤマトに呼び寄せ、「祟り神を祀る王」に立てたのであろう（拙著『新史論／書き替えられた古代史　2　神武と応神「祟り王」の秘密』小学館新書）。

話は少し戻るが、新羅征討に際し神功皇后は産み月に当たっていたが、石を腰に挟んで出産を遅らせ、九州に凱旋のあと、応神を産んでいる。このため応神は、「胎中天《たいちゅうてん》皇《のう》」の異名をとるが、この「母のお腹にくるまって日本にやってきて産まれた」という設定は、天上界から胞衣《えな》に包まって地上界に舞い下りたという天孫降臨神話にそっくりという指摘がある。さらに、応神が九州から東に向かったとき、ヤマトの政敵に行く手を阻まれるが、この話は神武東征の焼き直しではないか、とする説がある。要は、ひとりで天孫降臨と神武東征を演じていたことになる。やはり、応神天皇は初代王にふさわしい。

こうして、「日本海から九州に向かった台与（神功皇后）」の仮説を用いることで、天孫降臨、出雲国譲り、日向神話、神武東征説話が、ひとつの歴史でつながったのである。

なぜひとつの歴史が三つの時代に分けられてしまったのか

ヤマト建国の歴史は、最新の考古学と『日本書紀』、そして「魏志倭人伝」の記事を重ねれば、自ずと見えてくる。これまで真相を掴むことができなかったのは、邪馬台国論争ばかりに気をとられていたからだ。そのいっぽうで、『日本書紀』の神話を無視し、考古学の発見の数々を、点で捉えるだけで、線や面でつなげようとしなかったのだ。

纒向遺跡に関しても、炭素14年代法によって、箸墓《はしはか》（箸中山古墳《はしなかやまこふん》）が三世紀半ばの造営だった可能性が出て来て、それに浮かれているうちに、他地域の動静を見落としてしまったのは問題だった。特に、「東を過小評価していたこと」は痛恨の極みだ。

ヤマトの地形は、西に向かって飛び出した高台であり、東側の人間にとって、こんなに都合の良い場所はなかったのだ。逆に、西側の人々がヤマトを奪っても、東側から攻め寄せてきたら、守りようがないのだから、なかなか近づけない場所でもあっただろう。

このような、「東を視野に入れた地政学」を意識すれば、なぜ近江と東海がヤマト建国に貢献したのか、その理由が分かってくるし、ヤマト建国後の主導権争いも、瀬戸内海と日本海という対立軸を、すぐに想定できるのである。

ただ、もし私見どおり、『日本書紀』編者が、ヤマト建国に至る道のりを詳しく知っていたとして、なぜ神話を利用し、さらに、ひとつの時代を三つに分けて語る必要があったのか、という疑念が浮かびあがってくる。

答えは簡単だと思う。ヤマト建国に、「あの憎き蘇我氏の祖」が、大活躍していて、この事実を抹殺する必要があったのだろう。

神功皇后（台与）の夫・仲哀天皇は九州の橿日宮で、神の言いつけを守らなかったから変死した。『住吉大社神代記《すみよしたいしゃじんだいき》』には、その晩神功皇后と住吉大神は夫婦の秘め事をしたとある。

櫃日宮に椎の木があって、それを「棺掛椎《かんかけしい》」と呼んでいる。仲哀天皇が亡くなった晩、仲哀天皇を入れたお棺をこの椎に立てかけ、生きているようにして、軍議を開いたという。

また『古事記《こじき》』には、櫃日宮で仲哀天皇が崩御したとき、脇に控えていたのは神功皇后と建内宿禰（武内宿禰）だったとある。『住吉大社神代記』と『古事記』と櫃日宮の伝承を重ねれば、仲哀天皇が亡くなった晩、屍の前で結ばれたのは、伝説上は住吉大神だが、生身の人間は武内宿禰だったことになる。

応神天皇は仲哀天皇崩御から十月十日で産まれているが、神功皇后は「産み月なのに石を挟んで産まれるのを我慢した（まじないをかけた）」といっている。要は、応神が仲哀天皇と神功皇后の間の子であるといいたいのだろうが、この「ぎりぎり仲哀天皇の子ということが証明された」と、『日本書紀』が力んで語っているのも大問題だ。応神は、武内宿禰の子であることは、広く知られていて、だからこそ、『日本書紀』は様々な小細工を用意して、「蘇我氏の祖からヤマトの王が産まれた」という事実を、もみ消そうとしたのだろう。

武内宿禰はその後も神功皇后の忠臣として活躍するが、乳飲み子の応神に常に付き従っている（『日本書紀』や伝承の中で）。また、武内宿禰が三百歳近い長寿を保っているが、それはなぜかと言えば、『日本書紀』がひとつの時代（ヤマト建国の黎明期）を三つに分解してしまったために、中心的存在だった武内宿禰も、長生きせざるをえなくなったということだろう。

いずれにせよ、神功皇后が邪馬台国とヤマト建国の時代の人とみなすことで、多くの謎が解けてくるのである。

ヤマトを構成する三つの要素

ヤマト建国の常識を、まず突き崩さなければならなかったのは、ここが分からなければ、ヤマトの王の本質もつかめないからである。

そこでいよいよ、ヤマトの王の正体を、明らかにしていこう。

『日本書紀』の神武東征説話の中で、神武が東に向かう前から、ニギハヤヒなる者がヤマトに舞い下り、ヤマトの長髄彦《ながすねびこ》の妹を娶り、君臨していたとある。

すでに述べているように、物部氏の祖は吉備からやってきたと考えられ、前方後円墳の原型は、その吉備で誕生していた。ニギハヤヒはいち早くヤマトに進出し、主導権を握ることに成功したのだろう。ならばなぜ、神武天皇がヤマトに移ったとき、抵抗する長髄彦を殺し、神武に恭順したのだろう。ニギハヤヒたちが日本海勢力（神功皇后）を追い詰め、この結果出雲が祟り、ニギハヤヒは恐れ続けたからだろう。

ただし、神武をヤマトの王に迎え入れたのちも、「マツリゴト」の主導権をニギハヤヒは、手放さなかったようだ。すなわち、ヤマトの王は祭司王となって君臨したが、その祭祀形態の中核を構成していたのは吉備（物部氏）がもたらしたもので、吉野裕子《よしのひろこ》が天皇の祭祀形態は物部氏のものを継承していると指摘したのも、ヤマト建国時からの伝統が息づいていたからだろう。

くどいようだが、ヤマト建国後のヤマトの王は、独裁王でも征服王でもなかった。だから、邪馬台国にあった「城柵《じょうさく》」が、纒向遺跡にはなかった。それは、当初から、ヤマトが人々の寄せ集め連合だったこと、それに拍車をかけて、神武（応神）が祭司王として迎えいれられたことが、大きな意味を持っていただろう。ヤマト黎明期に勃発した主導権争いも、祟りが祟る王を招き寄せることで、収束することができた。「ヒョウタンから駒」だが、新たな体制を構築した。そして、わだかまりを捨て、独裁王を産まないゆるやかな連合体を構築したのだろう。

ついでまでに言っておくと、ヤマト建国時から、「王家を構成する三つのまとまり（名門豪族）」は、たしかに存在していたように思うのだ。それは（1）神武の末裔の血統。（2）物部氏の末裔。（3）タニハ連合（但馬、丹波、若狭、近江、尾張）の末裔であり（時代ごとに、その内部の主体は移り変わっただろうが……）、この三つの要素が、ヤマトの王家の構成要素に、王家を盛り立てていたのである。

『万葉集《まんようしゅう》』巻一―一三に、中大兄皇子の次の歌がある。

香具山《かぐやま》は　畝火《うねび》雄《を》々《を》しと　耳梨《みみなし》と　相《あひ》あらそひき　神代より　斯《か》くにあるらし　古昔《いにしえ》
も　然《しか》にあれこそ　うつせみも　嬬《つま》を　あらそふらしき

男らしい畝傍山《うねびやま》をめぐって、神話の時代から、香具山（天香具山）と耳梨山《みみなしやま》（耳成山）を争ったというのだ。今も昔もそうだ、と歌っている。中大兄皇子は皇位継承問題のまっただ中にいてこの歌を作ったのだが、ここに、「ヤマトの王（畝傍山）と取り巻き（天香具山、耳成山）たちの関係」が記されている。后妃の座をめぐって、二つの集団が覇を競ったということだろう。

その二つとは、物部氏とタニハ連合ではなかったか。畝傍山は王家の山であるとおもに、この一帯を支配していたのが蘇我系豪族だったことは無視できない。さらに、天香具山と言えば、「尾張氏の祖の天香語（具）山命」を思い浮かべる。ここはタニハ連合の山であり、残った耳成山は、古代最大の豪族・物部系のシンボルとみなされたのだろう。

ヤマト建国最大の発明は男王

弥生時代の大混乱、戦乱の時代は、なぜヤマトが建国されただけで、おさまったのだろう。この謎に対する答えは、「ヤマトの地政学上の優位性」が、もっとも大きかったかもしれない。ヤマトに巨大勢力が出現し、しかも最初に「ヤマトに手をつけたのが東」だったことが大きな意味を持っていよう。

纏向遺跡は奈良盆地の東南の隅に造られたが、ここは縄文時代から続く、東への陸路の入口だった。奈良盆地は想像以上に古い時代から、東とつながっていたのだ。だから、東の後押しを受けて、ヤマトは誕生し、西側は脅威を感じて、集まった。弥生時代は本格的な農業を始めた時代であり、人類は「農業を手に入れて戦争も始めた」といわれているように、人口爆発と富の蓄積によって、新たな農地と水利を求めて、近隣と戦い始めたのだ。ヤマトは、この混乱に、ひとつの秩序をもたらすことに成功したのである。

次に大切なことは、女王から男王への流れではあるまいか。ヤマト建国最大の「発明」は、「男王を立てること」であった。

とても不思議なことだが、弥生時代後期の日本列島では、至る場所で女王が立っていたようなのだ。「魏志倭人伝」に記録されるように、倭国の中心邪馬台国の卑弥呼や壱与（台与）が、もっとも有名だが、さらに神功皇后の西征に際し、最終決戦は山門県の女首長との戦いになった。

『風土記』にも、太古の各地の女王の記録が数多残されている。神武東征に際し、ヤマトの盆地には、兄猾《えうかし》・弟猾《おとかし》、兄磯城《えしき》・弟磯城《おとしき》というように、兄と妹、姉と弟という、「男女ペアで統治するシステム」が描かれていて、これは、「魏志倭人伝」に描かれた女王卑弥呼の姿にそっくりだ。次の記事だ。

倭国は七十年から八十年間、男王が立っていた。しかし国は乱れ、戦争が絶えなかった。そこでひとりの女性を選び、担ぎ上げ（共立）、卑弥呼《ひみこ》と名付けた。鬼道に仕える巫女《みこ》（神霊と通じていた）で、よく衆を惑わした（神託を得て、それを伝え、人々を心服させた）。老齢になっても夫はなく、弟がいて、治政を助けた。卑弥呼が王となってこの方、会う者は少なかった。婢《ひ》（侍女）千人にかしずかせ、ただひとり男が、食事の世話をし、取り次ぎ役で部屋（宮）に出入りした。居室や宮室、物見台（楼観）、城柵を厳かに造り、警備のための兵が武器を持ってつねに守っていた。

弥生時代後期の倭国大乱を、女王を立てることで乗り切ろうとしたのだろう。おそらく、稲作を始めた倭人は近隣と争うようになり、「戦争に強い者」がリーダーになったのだと思う。ところがここで、女王が各地で立てられ、混乱の収束を図ろうとする動きが出はじめた。その流れの延長線上にヤマト建国があったとすれば、ここに、日本独自の「平和を作り出す女王というカラクリ」の発明があったと考えられる。日本人は「政治」をマツリゴト（政事）という。それは、神祭りをして治政を安定させるという、システムを重視していたのである。

「魏志倭人伝」には、「巫女（卑弥呼）が神の言葉を聞き出し、弟が実務を取り仕切っていた」とあり、このやり方は、すでに触れた隋《ずい》の文帝《ぶんてい》が呆《あき》れたという六世紀の倭国の「姉（妹）と弟（兄）の統治システム」を思い出す。巫女と男王が、コンビを組んで、「マツリゴト」をしていたのだ。それが、ヤマト建国前後の流行であり、さらに、少なくとも六世紀まで、ヤマト政権はこのシステムを棄てなかったのである。

日本人の三つ子の魂

巫女と為政者（男王）の組み合わせは、卑弥呼の時代には「女王と弟（兄、実務者）」だったが、ヤマト建国によって、「男王（兄か弟）と巫女（姉か妹）」の形に変化した。じつはこの新たな組み合わせこそ、「ヤマト建国最大の発明」だったのだ。

ただし、これが何を意味するのか、回り道をしなければならない。「神道《しんとう》」についてだ。簡単なのにほとんど知られていない神道の本質を、説明しておきたい。日本人にとって、神とはなんなのか、そして、なぜ巫女に、神託が下るのだろうか。その理由を解明しておこう。

太古の人類は、あらゆる物や現象に、精霊が宿ると信じていた。このアニミズム的発想が発展して、多神教が産まれる。日本には八百万《やおよろず》の神々がいるという話を、聞いたことがあるはずだ。日本だけではない。世界中、アニミズム的な信仰形態を守っていたものだ。ギリシャの神話にも、多くの神様が登場する。ところが、「この宇宙、世界は、ひとりの男神が創造した」という一神教が生まれると、「多神教は遅れている」という発想が定着していた。

一神教にもいくつかの種類があるが、その中でもキリスト教は、大航海時代に勢力を拡大した。「キリスト教世界の住民は、野蛮な多神教世界の人間をキリスト教の高みに引き上げる義務がある」という理屈から、世界中に植民地を造り、キリスト教を広めていった。キリスト教は、帝国主義の大義名分になったのである。

日本列島にも、戦国時代から宣教師がやってきたが、（幸いにも）日本人は多神教的発想を捨てることはなかった。これは、奇跡的なことと言っていい。先進国の中で多神教的な信仰を守りつづけたのは、日本だけだろう（共産主義は、キリスト教のなれの果てだから、一神教的発想）。

明治維新以降、多くのミッション系大学が開設されて、布教活動がなされ多くの学生が学んだが、なぜか日本人は、キリスト教に靡《なび》かなかったのだ。クリスマスを盛大に祝い、結婚式は教会で行うようになった日本人なのに、人口に占めるクリスチャンの数は約一パーセントで、ここに大きな謎が隠されている。

日本人は、西洋人が呆れるほど、「自覚のない頑なな信仰心」を守りつづけているということらしい。

ならば、日本人の三つ子の魂は、どのような形をしているのだろう。それは「神道」なのだろうか。

まず、「神道」という言葉は、『日本書紀』に一度しか出てこない、「仏教」に対する、日本的な信仰を説明する場面で、「便宜上、この言葉を使ってみた」というイメージが強い。

また、神道の最高の聖地と言えば伊勢神宮を思い浮かべるが、今のような形に整備されたのは、七世紀末の持統《じとう》朝と思われる。それほど古い話ではない。神社の社殿も、仏教寺院を意識して造られた可能性が高い。それ以前は、聖域には巨木や巨石（磐座《いわくら》）があるだけで、そこに神が舞い降りると信じられていた。

われわれは漠然と「神道」と言っているが、「本当の日本人の信仰」に実態はない。伊勢神宮は、持統天皇《じとうてんのう》や藤原（中臣）氏が築き上げた新しい信仰形態に過ぎない。七世紀末から八世紀前半に新たに組み立てられた権力者のための信仰形態であり、古くからある習俗から脱線している。その証拠に、神道祭祀に携わってきた斎部広成《いんべのひろなり》は『古語拾遺《こごしゅうい》』の中で、「中臣氏が好き放題やっている」「中臣氏ばかりが優遇される」「祝詞《のりと》を替えてしまっている」などなどと批難しているほどなのだ。

日本人の信仰はシンプル

日本人の信仰は、極めてシンプルだ。アニミズム的発想は消えていない。日本人は、すべての物質、現象に、神や精霊は宿ると心のどこかで「分かっている」のだ（それが信仰というもの）。路傍の石、道端の花、心地よく吹く風、水の流れ、立ち昇る雷雲と、恐怖の稲妻、すべてに神は宿ると信じたのである。

そして神は、万物そのもので、万物、大自然は、人智のおよばない恐ろしいことをする。大地震も津波も、火山の爆発も、猛烈な台風も時化《しけ》も、すべて神の仕業なのだ。くどいようだが、神は大自然そのもので、この「恐ろしい神」をなだめすかせば、恵みをもたらす神に変身してもらえる。これが、神祭りの根源であり、本質ということになる。神は原則として「祟る鬼」なのだ。多神教世界では、神と鬼は、表裏一体とみなされる。鬼（大自然の猛威でもある）をなだめすかせば、優しい神に化けてくれるのだ。

ちなみに、「鬼」は大昔は「オニ」ではなく「モノ」と読まれていた。「物に宿る精霊がオニ」だから、鬼は「モノ」と呼ばれたのだ。もののけ姫も「物語」も、この「物」だ。「物悲しい」「物静か」「物凄い」の「物」には、霊的な意味が込められていたのである。

人間も、神とみなされることがあった。たとえば平安時代の菅原道真《すがわらのみちざね》は改革事業を展開するが、藤原氏に邪魔にされ、一家ともども地方に飛ばされ、幽閉され、憤死した。その後都で菅原道真追い落としに荷担した人たちが相次いで亡くなり、菅原道真の祟りと恐れられた。ところが、これを手篤く祀ったため、今では学問の神として崇められるようになった。鬼の菅原道真をなだめすかして、恵みをもたらすありがたい神になっていただいたわけである。

「天皇は神（のような存在）」という話も、「天皇は鬼（のように恐ろしい）」と対になっていて、だから、「天皇に歯向かうと恐ろしい目に遭う」と、日本人は漠然と信じていたのだ。この発想が、「錦《にしき》の御旗《みはた》」の威力を裏付けている。天皇は神であり鬼なのだが、それはなぜかと言えば、「神は人智を超えた大自然そのもの」だからなのである。

しかも天皇には、「神をおさえる力」が求められた。平安時代初期に薬師寺《やくしじ》（奈良市）の僧が書いた仏教説話集『日本霊異記《にほんりょういき》』に、五世紀の雄略天皇《ゆうりゃくてんのう》の逸話が残されている。そこには、雄略天皇が雷を捕まえようとした話が載る。

雷神を捉えるために遣わされた小子部栖軽《ちいさこべのすがる》は、

「雷神よ、天皇がお呼びだ」

と叫び、さらに、

「雷神といえども、なぜ天皇の命令に逆らえようか」

こう言うと、雷神は落ちてきた。籠《かご》に乗せ宮に向かった。雷神は光を放って照りかがやき、雄略天皇は恐ろしくなって、幣帛《へいはく》を奉り、落ちた場所に返した。ここを、雷《いかずち》の岡（雷　丘《いかずちのおか》）と呼ぶようになった……。

結局天皇にとっても雷神は恐ろしかったのだが、最後は祀《まつ》ったあとに元に戻したとある。恐ろしい雷神なのにひとつも実害が及ばなかったのは、雷神を丁重に祀ったからだ。ここに、天皇と神の関係が透けてみえてくる。天皇のもっとも大切な仕事は、恐ろしい神を祀り、恵みをもたらす神に変身してもらうことだった。

この図式が見えてくれば、巫女や男王と神の関係が分かってくるはずだ。

太陽神はいっぱいいた

ここで話を進める前に、ひとつ誤解を解いておかなければならない。女神・天照大神《あまてらすおおみかみ》のことだ。

平塚らいてうは、「元始、女性は実に太陽だった」と述べ、世の女性を鼓舞したが、これは間違っている。『日本書紀』に「太陽神は天照大神」と記されていたし、これが常識としてまかり通っていたから、そのまま述べてしまったわけだ。

しかし、太陽の「陽」は、陰陽の「陽」でもあり、男性の属性だ。たとえば天孫降臨神話の中で天の八衢《やちまた》に出現したサルタヒコは、「国神《くにつかみ》の太陽神」であり、照りかがやき、立派な鼻を具えていた。これは陽根（男根）のシンボルで、これに対峙したのは、服をはだけてみせた天鈿女命《あめのうずめのみこと》だった。これが、太陽神と巫女の本来の姿だろう。

ちなみに、太陽神というと天照大神だけという印象が強いが、これは間違っている。『日本書紀』の中に出てくる太陽神は女神・天照大神だが、これは多くの太陽神の中のひとつに過ぎない。たとえば物部系の歴史書『先代旧事本紀《せんだいくじほんぎ》』には、物部氏の始祖・ニギハヤヒを、「天照国照彦《あまてるくにてるひこ》火《ほ》明《あかり》櫛玉饒速日命《くしたまにぎはやひのみこと》」と記す。彼は、物部氏が祀る太陽神だったことが分かる。古い時代の日本列島のあちらこちらに、「オラが村の天照（太陽神）」がいて、その多くは男神だっただろう。

平塚らいてうは、女性は光を受けてはじめて輝く月ではないといっているが、光を発するから優秀なのではない。それは、それぞれの属性というもので、優劣をつけるべきではない。

このあと述べていくように、古代はむしろ女性が優位な立場にあって、女系家族が家と財産を継承し守る、女系社会だった。だから本当に古代史の謎を解きたいのなら、「男性だけの系図」ではなく、「どの母親から産まれたのか」を注意深く見つめ直さなければならない。

太陽神が女性でなくとも、古代の女性の地位が低かったといっているのではない。まったく逆なのだ。神（男神）につながっていたのは女性だからである。

『日本書紀』は天照大神を女神と記すが、最初神話に登場したときは、大日孁貴《おおひるめのむち》の名だった。これは、「大日巫女《おおひみこ》」の意味で、太陽神を祀る巫女を指していたのだ。『日本書紀』神話の中に、「天照大神は斎服殿《いみはたどの》で神衣《かむみそ》を織っていた」と記されるが、これは水辺で機《はた》を織り男神を待つ巫女の典型的な姿なのである。

また、天照大神が登場する以前に、「蛭子《ひるこ》」が生まれていて、できそこないだったから捨てられたとある。蛭子は男性の太陽神だ。

ところがいつの間にか大日孁貴は天照大神に変身していた。祀る巫女が祀られる太陽神に昇華したというのが通説の考えだが、どうにも納得できない。

『日本書紀』編纂時の権力者が藤原不比等だったことはすでに触れてあるが、藤原不比等を大抜擢したのは第四十一代持統天皇（女帝）で、藤原不比等は権力を握った段階で、藤原政権の画期をつくった持統天皇を観念上の「始祖王」に仕立て上げようとしたのだ。すなわち、「藤原のための王家の始祖が持統天皇」であり、持統天皇の諡号《しごう》は当初大倭《おおやまと》根子天之広野日女尊《ねこあめのひろのひめのみこと》だったのに、のちに高天原広野姫天皇《たかまのはらひろのひめのすめらみこと》と、天上界（高天原）を照らす太陽神のイメージに替えられている。

神話の中で女神・天照大神は、子の正哉吾勝勝速日天忍穂耳尊《まさかあかつかつはやひあめのおしほみみのみこと》を地上界に降ろそうとするが、急きょ取りやめ、高皇産霊神《たかみむすひのかみ》と天照大神双方の孫の天津彦彦火瓊瓊杵尊《あまつひこひこほのににぎのみこと》を降ろすことにした。この系譜、持統天皇の曾孫で藤原不比等の孫にあたる首皇子《おびとのみこ》（聖武天皇）の即位をなぞっているのではないかとする説がある。

伊勢の神の正体

女帝持統から続く政権にどのような意味があったのかについては、のちに詳しく触れる。それよりもここでは、伊勢で祀られる神の正体を明かしておかなければならない。

持統天皇の時代に伊勢神宮は整えられたが、中世に至るまで「実際に祀られる伊勢の神は男神」と、周囲の人間は気付いていたようだ。

天照大神は内宮《ないくう》に祀られるが、「独り身で寂しいから」と、外宮《げくう》の女神・豊受大神《とようけのおおかみ》が連れて来られたと伝わっている。外宮は天照大神に食事の用意をする（観念上の話だが）神だが、これは男女のペアと考えた方が自然だ。伊勢の神と三輪《みわ》（大神大社《おおみわたいしゃ》の大物主神？）の神が同一だったという言い伝えも無視できない。三輪の神は、間違いなく男神だ。

平安前期の歌物語『伊勢物語《いせものがたり》』に、平城天皇《へいぜいてんのう》の孫・在原業平《ありわらのなりひら》が伊勢に赴いたときの話が載っている。

斎王《さいおう》（天皇の親族から選ばれた未婚の女性。伊勢の斎宮《さいくう》に詰め、天照大神を祀る）は親から「懇《ねんご》ろにもてなすように」と命じられていた。そこで在原業平を斎宮に泊め、斎王は部屋を訪ね、ともに過ごしたとある。

意味深長な記事だ。一晩男女がともに過ごして、なにをしていたのだろう。「懇ろな接待」とは、なんだろう……（分かっているくせに）。

この「事件」が、本当にあったことなのかどうかは、定かではない。しかし、「斎王が高貴な者と結ばれる」という「認識」を、当時の人間は共有していたのではあるまいか。だから、「あいまいな記事」だけで、事情を了解したのだろう。

斎王は天皇の親族で、原則として解任後も結婚できないとされていた。それはなぜかといえば、伊勢の神と性的に結ばれたからではなかったか（信仰上の結びつきだが）。もちろんこの場合、誰もが「伊勢の神は男」と知っていたことになる。

鎌倉時代の僧・通海《つうかい》は『通海参詣記《つうかいさんけいき》』の中で、伊勢神宮の斎王の寝床の上に、毎朝蛇のウロコが落ちていた話を載せている。伊勢の神が夜な夜な通って来ると噂されていたというのだ。ここに、斎王の巫女としてのお勤めの意味が分かってくる。

それにしても、なぜ高貴な女人が、神と性的関係を持たねばならなかったのだろう。

佐藤正英《さとうまさひで》は、『古事記神話を読む』（青土社）の中で、人びとに災いをもたらす根源的なかたちをもたない神を「もの神」と呼び、美麗な男性に化けた「もの神」は、美しく高貴な女性と性的交渉を持ち、女性は「もの神」との融合を夢想し、これは受容する呪的作為にほかならないという。そして、「豊穣《ほうじょう》と富裕と安穏とをもたらす和《やわ》らいだ在りように変容する」（前掲書）というのである。

中村生雄《なかむらいくお》は、祟る神と巫女の性的つながりこそ、祭りの発生と位置づけている。祟る神をなだめすかし、穏やかになった神から力をもらい受けた巫女は、そのパワーをミウチの為政者たちに「放射」するというのだ（『日本の神と王権』法蔵館）。これは、ヒメヒコ制の原理でもある。

神話の中でスサノヲは、天上界から地上に追放され、出雲の簸川の上流に舞い下りる。ここで、泣き悲しむ親子と遭遇する。聞けば、家には八人のオトメ（少女、少童）がいたが、毎年八岐大蛇《やまたのおろち》にひとりずつ呑まれ、最後の娘（奇稲田姫《くしいなだひめ》）がこれから呑まれようとしているという。

スサノヲは八岐大蛇を退治し、奇稲田姫と結ばれるのだが、ここに、神祭りの変化が読み取れる。すなわち、最初は神に女性を捧げ、生贄《いけにえ》にしてたのを、神と巫女の聖婚という形に切り替えたことで、出雲の国造りが始まったわけである。

また、スサノヲは天上界で手のつけられない暴れ者だったのに、なぜ地上界に降り立ったとたん、国造りに励みだしたのかといえば、本来人身御供《ひとみごくう》となって八岐大蛇に差し出すはずだった奇稲田姫と結ばれ、「暴れる神＝スサノヲ」が、巫女（奇稲田姫）に祀られ、骨抜きにされたということでしかない。人々を苦しめた「あらあらしさ」は、そのまま出雲建国の原動力になって、人々の役に立つようになったのだ。

伊勢神宮の内宮の神と斎王の関係も、まさにこれで、じつに単純明快である。

なぜヤマトは男王を立てたのか

卑弥呼が王に立てられた様子を、「魏志倭人伝」は、「最初は男王がいて、戦乱状態にあった」といい、「だからみなで女王・卑弥呼を共立した」とある。また、卑弥呼亡き後男王を立てるも、みな不満で、戦乱が起き、千人が死に、卑弥呼の宗女壱与《そうじょいよ》（台与《とよ》）を立てることで、ようやく混乱は収束したとある。ところがこのあと、台与は歴史からフェードアウトし、いつの間にヤマトに男王が立ち、これが六世紀まで伝統となって継承されていくのだ。なぜ、男王、女王、男王と、システムが入れ替わったのだろう。なぜ女王でなければ混乱状態に戻ってしまい、それなのに、なぜヤマトでは、女王ではなく男王が立ったのだろう。

弥生時代の戦乱は、農業を選択した以上、必然であった。そして、人が生活するには不便ではないかと思われる高台に、高地性集落が造られた。その数は「おびただしい」もので、戦国時代の「砦」の数に匹敵するという指摘もある。

戦乱の時代に強い男王が求められたのは、当然のことだろう。しかし、戦乱も長引き、情勢が混乱し、予想もできない「混沌《こんとん》」に包まれると、ただ強いだけでは生き残ることはできない。迷いが生まれ、何かにすがりつきたくなる。だから、直感力の鋭い、神の言葉を語る巫女が、女王に立てられたのではなかったか。女王が祭祀に専念し、女王のミウチの男性が実務を司ったのだ。

ならば、ヤマト政権の男王は、何を意味していたのだろう。

これまでの筆者の推理を土台にすれば、新たな仮説を掲げることができる。

ヤマトのニギハヤヒ（おそらく崇神天皇と同一人物だろう）は、祟りに苦しめられ、解決策として、日向から神武（応神）天皇を迎え入れることにした。長髄彦が激しく抵抗するという誤算があったが……。

吉備（瀬戸内海）のニギハヤヒは武力で日本海＋北部九州勢力を圧倒したから、ヤマト政権の主導権を神武に渡そうとはしなかっただろう。そこで、ニギハヤヒの娘か、親族の女性をキサキにあてがい、生まれ出てくる子を次の王に立てたのだろう。これがいわゆる「王（天皇）の外戚になる」ということだが、ここに、もうひとつ重要な要素が必要だった。それは、王の姉や妹（しかもニギハヤヒの孫でなければならない）を、巫女に立てたのだろう。この、「男王と血のつながった巫女が手を携えて国を動かしていた」という話は推理ではなく、『隋書《ずいしょ》』倭国伝《わこくでん》に記録されていた事実であり、これが、ヒメヒコ制だったという話はしてある。

古い風習が色濃く残る沖縄では、明治時代に至るまで、同母の兄弟姉妹の間（母と子、おばと甥の場合もある）に、霊能によって結ばれた強い関係性が見出せた。姉妹から兄弟に霊能が放射され、姉妹は兄弟の守護神と信じられていたのだ（倉塚曄子『古代の女』平凡選書）。

これまで、「王の外戚になる」のは、「外祖父が王を自在に操れるから」と信じられてきた。しかしそれよりも大切なことは、「女系のパワー」である。

「王や大王、天皇の命令は、絶対」が不文律だが、「王の命令」は、「王自身の意志」ではなく、それは「ミウチの巫女が得た神託」であり、その「神託」は、「母の実家の意志」だったろうことである。

これまで、歴史を男性の系譜だけ眺めていたから、何も分からなかったのだ。王の父は王で、祖父も王という系譜ばかりに気をとられ、「母の系譜」に無頓着だった。しかし、古代の王家は、「母系がもっとも重要だった」のだ。王の母の実家はそれぞれの時代の実力者で、その実権を握った者の娘が王に嫁ぎ、産まれ落ちた男子と女子が、次世代の王と巫女となるのだ。

すなわち、「ヤマトの王家」とは、女系の実家の意志を表明する装置に他ならないのであり、ニギハヤヒが神武を迎えいれ、王に立てたのは、この「巫女と巫女の実家による統治システム」が完成したことなのだ。

「男王の発明」によって、「巫女の支配する国」は、三世紀後半（あるいは四世紀前半）から六世紀末まで安定した政権（もちろん、一時期動揺したこともあったが）を保ち続けることができた。前方後円墳という共通の埋葬文化を各地の首長（豪族）が選択し、中央政府がその造営を認めるというゆるやかな連合体は、長続きしたのである。

もちろん、ニギハヤヒの末裔だけが栄えたわけではなく、時代ごとの実力者が、大王に娘をあてがい、政治を動かしたのだろう。

ただし彼らは、独裁的な力を獲得することなく、合議を守るという伝統が守られたからこそ、推古天皇亡き後、蘇我蝦夷は独断で皇位継承候補を決めることなく、周囲の人間の意見を聞き、合議体制を崩さなかったのだろう。

また、男兄弟で皇位を順番に継承していったのは、いくつもの有力豪族が、順番に政権運営を担当していたことの表れかもしれない。

第3章

なぜ女帝が現れたのか？

女帝は中継ぎなのか

六世紀末、史上初の女帝が誕生した。これが推古天皇《すいこてんのう》で、以後奈良時代にかけて、計六人の女帝が即位した。順番に名を挙げると、推古、皇極《こうぎょく》（斉明《さいめい》）、持統《じとう》、元明《げんめい》、元正《げんしょう》、孝謙《こうけん》（称徳《しょうとく》）だ。括弧の中は、重祚《ちょうそ》（一度即位した天皇がいったん譲位し、のちにふたたび即位すること）した女帝である。

中国では、女帝は例外中の例外で、則天武后《そくてんぶこう》（在位六九〇～七〇五）の治政はのちに「牝朝《ひんちょう》」と呼ばれた。

第二章で述べたように、男王の姉や妹が巫女になって「神の声（実家の意見）を王に伝える」というシステムは、前方後円墳体制とともに原則として継承されてきたのに、なぜこの段階で、女王が出現したのだろう。しかも、世界史のレベルでも、これだけ女帝が立て続けに出現した例はない。

女帝は中継ぎと信じられている。たとえば『万葉集《まんようしゅう》』にしばしば現れる「中天皇《なかつすめらみこと》」は、女帝を意味していると考えられ、喜田貞吉《きださだきち》はこの「中」を、中継ぎと解釈した。

もうひとつ『万葉集』には、「中皇命《なかつすめらみこと》」が出現している。折口信夫《おりくちしのぶ》は舒明天皇《じょめいてんのう》の時代に歌に現れる「中皇命」を宝皇女《たからのひめみこ》と推理し、「中天皇」とは区別し、天皇とは別の存在(神)との間に立っていたと指摘した(「女帝考」『折口信夫全集　第二十巻　神道宗教篇』中公文庫)。神と天皇(人)の間を取り持つシャーマン(巫女)であり、「中天皇」＝女帝も同様に、宮廷で託宣を下す神の仲介者だったと指摘したのだ。

また、男性の「スメラミコト(天皇)」が存在しなくとも、神の言葉を人々に伝える「中つすめらみこと」が存在すれば、マツリゴト(政事)は成立するのだから、女帝だけで、事足りたのだと考えた。

これに対し井上光貞《いのうえみつさだ》は、天皇の周辺にシャーマン(巫女《みこ》)が存在したことはたしかだが、そこには未婚の女性という原則があったのだから、天皇の妻がシャーマンというのは矛盾すると考え、女帝は中継ぎだったと推理したのだ(『井上光貞著作集　1　日本古代国家の研究』(岩波書店)。

井上光貞は六世紀中葉から七世紀末に登場した六人の女帝全員が、先帝、前帝の皇后だったところに注目した。すなわち、皇位継承上の困難を予想して、女帝が選ばれたにちがいないと推理した。ただしこのあと、律令制度が整って、「親から子」という中国的な男系主義による皇位継承方式が定まって、元明天皇の時代からあと、「中継ぎとしての女帝」の役割は終わったという。それまでは、父から長子、長子から兄弟と王位は継承され、だから混乱が生じ、中継ぎの女帝が求められたというのである。

女帝は巫女ではない？

女帝は巫女ではないという指摘もある。

『日本書紀《にほんしょき》』皇極元年（六四二）六月条に、次の記事が載る。

日照りが続き人々は困っていた。七月、群臣は相談し、村々の祝部《はふりべ》（地域の神職）の教えに従って、牛や馬を殺して諸々の神々を祀り、祈願したが、雨は降らなかった。蘇我入鹿も仏の力で打開しようとしたが、無駄だった。僧を集めて大乗経を唱えさせたが、小雨が降っただけだった。

八月に皇極天皇が南淵《みなぶち》（奈良県高市郡明日香村稲渕）の川上で四方を跪拝《きはい》し、天を仰ぎ祈った。すると、雷が鳴り、大雨が降った。五日間雨は降り続き、天下を潤した。人々は大いに喜び、万歳を唱え、皇極天皇を「至徳の天皇」と称えた……。

ちまたの巫覡《ふげき》（「巫」は女性、「覡」は男性のかんなぎ）や仏教の力よりも、女帝の権威が勝っていたことを、『日本書紀』は強調している。

上田正昭《うえだまさあき》は、この記事を重視し、女帝は巫女《みこ》ではなく宮廷の司祭者だった、と指摘したのだ。この場面でも、皇極に神が憑依《ひょうい》し、神託を下したわけではなく、ただ皇極は祭りを取り仕切っていたにすぎないという。

また上田正昭は、古代女王には、三段階の変化があって、中継ぎとは限らないとしている（『古代日本の女帝』講談社学術文庫）。

（1）巫女王の段階

三世紀の卑弥呼《ひみこ》・台与《とよ》、あるいは、伝説の神功皇后《じんぐうこうごう》や飯豊青皇女《いいとよあおのひめみこ》にも、その息吹が残る。ただし、未婚であったかというと、疑問が残る。

（2）巫女王から女帝の段階

推古天皇から持統天皇にいたる時期。神政的色彩が漂う。先帝の皇后の前歴を有する。

（3）女帝の段階

元明天皇以降の女帝たちの時代で、古い神と関わる女王の要素は振り払われ、「先帝・前帝の皇后」という条件も除かれていく。

このように、女王、女帝は、時代ごとに変化していて、（1）祭政の未分化の状態から、（2）女帝は宮廷の最高の司祭者の立場を守るだけではなく、司祭者としての機能は高まり、（3）律令が整い、祭祀の重要性は低くなった、とまとめたのだ。

これに対し、近年、古代における女性の地位の高さに注目が集まり、新たな女帝論が提出されるようになった。

見直される古代女性の地位の高さ

たとえば成清弘和《なりきよひろかず》は『女帝の古代史』（講談社現代新書）の中で、古代女性の地位の高さに注目している。古代日本では中国とはまったく異なり、血縁のラインは、父系・母系に差が無く、双方的親族組織、双系社会だったことが分かったとする。これが次第に父系制に変化していったというのだ。まとめると、次のようになる。

（1）五世紀ごろまで
男女の共同統治のもとでの女王＝双方制
（2）六〜七世紀
男系世襲王権下の女王＝支配層に父系制が流入
（3）八世紀
皇位の嫡系継承下の女帝＝全社会的改葬に父系制が流入
（4）九世紀以降
父系制の段階的な定着と母系制の消滅

つまり、ある時期まで女性の地位は非常に高く、男女差はなかったのだから、女王や女帝を特別視する必要はない、というのである。

義江明子《よしえあきこ》も、これまでの古代史の女性観に抵抗を示す。女性が聖なる部分を、男性が世俗の部分を担っていたというこれまでの常識は、歴史の真実から大きく踏み外していてもはや通用しないと主張する。古代には男性首長、女性首長どちらも存在し、在地の神々の物語における男神と女神には、ほとんど違いが無いとする（『つくられた卑弥呼』ちくま新書』)。

その一方で「性差の克服」という主張を強調するあまり、古代の男女を「同質」にみてしまっているという反論も出てきた。男女に差が無かったのなら、ヤマト建国後、半数近くが女王であってても不思議はないとする(大津透『王権を考える』山川出版社)。

倉塚曄子《くらつかあきこ》も、男性中心の歴史認識に対する対抗意識が強すぎるという。それは女性運動の過渡的な戦略戦術でしかないと、手厳しい(『巫女の文化』平凡社選書)。

かつての男性中心の古代史論はまわっていたことはたしかだ。最大の原因は、『日本書紀』や『古事記《こじき》』が、男王とその子たちの、皇位継承と豪族たちの権力闘争にこだわって描写していたからだろう。具体的に政治を動かし、王位を継承していたのは男性たちで、史学者たちも、女性の立場を疎《うと》んじてきたのは間違いない。

しかし、女性の地位向上を目指す目的をもって古代史を見つめ直せば、主観が物事を見る目を狂わせてしまうと思うのだ。

古代における女性の地位が、われわれの想像を超えて高かったことは、これから述べていくが、「男と女は対等だった」ことを古代史にさかのぼって主張するのではなく、「男と女には、役割の違いが明確にあった」という事実に、注目しておきたいのである。

王家のスタイルが変化していた?

なぜ六世紀に、古墳時代が終わり、ほぼ同時に突然女帝が出現したのだろう。五世紀末の第二十五代武烈天皇《ぶれつてんのう》即位直前に、気になる事件が起きている。ここで、王家のスタイルが少し変化したように思えるのだ。ヤマト建国ののち今日に至るまで、「ヤマトの王」「天皇」が同じ形で継続したはずがない。どこかで、少しずつ（あるいは大胆に）変化しながら、今日に至っている。だから、「天皇とはなにか」という設問自体が、間違っていると思う。「天皇は、どのように時代に合わせて変化してきたのか」が、正しい問いかけであろう。

武烈天皇といえば、ハレンチな行動を繰り返し、酒池肉林の世界に溺れたことで知られている。天皇の王統は途絶え、そのあと男大迹王《おおどおう》（継体天皇《けいたいてんのう》）が越《こし》（北陸）から連れて来られた。だから、武烈天皇の悪行は、継体新王朝出現の正当性をきわだたせるために書かれたもので（第一、ほとんどの文面が、中国の文書から引用している）、武烈天皇そのものが実在しなかったのではないかと疑われてもいる。

けれども、ここで注目していたいのは、武烈即位前紀の次の記事だ。

仁賢《にんけん》十一年八月、仁賢天皇《にんけんてんのう》が崩御。この時、平群真鳥《へぐりのまとり》（武内宿禰《たけのうちのすくね》の末裔で、蘇我系）が、もっぱら国政をほしいままにしていて、日本の王に立とうとしていた。皇太子（のちの武烈天皇。以下、武烈で統一）のために宮を立てたと言いながら、自ら棲みついてしまうなど、驕慢《きょうまん》で臣下としての礼節がなかった。

武烈（皇太子）は物部麁鹿火《もののべのあらかひ》の娘・影媛《かげひめ》を娶《めと》ろうと思い、使いを遣わし、会う約束を取りつけた。ところが、影媛はすでに平群真鳥の子・平群鮪《へぐりのしび》と結ばれていた（ただし原文には「奸《おか》されたり」とある）。

このあと、一悶着《ひともんちゃく》があって、結局平群鮪は、大伴金村《おおとものかねむら》の軍団に攻められた乃楽山《ならやま》（奈良市。平城京の北側の丘陵地帯）で殺されてしまう。

『日本書紀』は最初、平群鮪が無理矢理影媛をかこったというニュアンスで語っているが、話は次第に、矛盾してくる。影媛は夫を失ったことを嘆き悲しみ（「苦《くる》しきかも。今日《けふ》、我《わ》が愛夫《はしづま》を失《うしな》ひつること」）、平群鮪が死んでも武烈とは結ばれなかったのだから、武烈が平群氏から影媛を奪おうとしたことが分かる。

この一節で大切なことは、皇太子が、積極的に「キサキ選び」をしていることだ。しかも、ヤマト建国ののち、ヤマトの中心に立ち、巨大な富を蓄えていた物部氏の姫を狙っている。

王になって得するようになった?

考えられることは、いくつかある。

本来なら、物部氏のみならず、多くの豪族が競って王家に「キサキを送り込み外戚になる」ことに熱中していたはずなのだ。ところが、逆に、有力豪族の娘の、奪いあいが起きている。

『日本書紀』は、平群氏がヤマトの王に立とうとしていたとあるが、この場合、「平群氏は悪いヤツだ」と考えると、古代史が見えてこない。「ヤマトの王に立つことで、なにか得することができたのか」と、疑う必要がある。ヤマトの王がいつの間にか、祭司王から脱皮していた可能性が高いのだ。

王家自ら、積極的に有力者を味方に付けようとしていた事実を、無視できない。王が王でいられるためには、有力者を能動的に味方に付ける必要が出て来たのだ。これも、王が実権を握りつつあった証ではあるまいか。

また、逆に言えば、天皇が実権を握ろうとしたから、再び混乱が起き、豪族たちは小さなクーデターを起こし、越から新たな、言うことを聞きそうな王（継体天皇）を連れてきた可能性も、想定しておいたほうがいい。

変化の兆しは、四世紀末ごろ、すでにあった。倭国は朝鮮半島に盛んに出兵し、南下政策をとる騎馬民族国家・高句麗《こうくり》と対峙していた。軍団は豪族たちの寄せ集めだったが、それでも戦乱となれば、迅速で統一された判断が求められただろう。しかも、倭王は次第に東アジアの中で名を売るようになった。『宋書《そうじょ》』倭国伝《わこくでん》に「倭《わ》の五王《ごおう》」が登場するが、最後の武王《ぶおう》（雄略天皇《ゆうりゃくてんのう》）に宋は、使持節都督倭新羅任那加羅秦韓慕韓六国諸軍事《しじせつととくわしらぎみまなからしんかんぼかんろくこくしょぐんじ》安東大将軍《あんとうだいしょうぐん》倭王《わおう》の称号を与えている。こうなると、倭国王は、ただの祭司王ではない。ヤマトの王の形は、日々刻々と変化していたのだ。

旧態依然とした統治システムに変革の波が押し寄せたのは、倭の武王＝雄略天皇の即位ののちと考えられている。『万葉集』が雄略天皇の歌を冒頭に登場させ、その後も雄略天皇の歌を要所に配置していること、多くの古代文書が、雄略天皇を特別視していたことも、無視できない。

五世紀後半、雄略天皇の出現がひとつの画期になっていたことは間違いない。この人物は皇位継承候補でなかったにもかかわらず、兄の安康天皇《あんこうてんのう》が暗殺された時、クーデターを起こし、政敵の粛清に走り、玉座をつかみ取っている。この時、最盛期を迎えていた葛城氏《かつらぎし》を滅ぼしてしまったのだ。

そして問題は、「権力を握ろうとした大王」のその後である。

天皇の命令は絶対だが天皇の意志ではない?

五世紀、すでに統治システムそのものが、変わりつつあったのだ。そして六世紀、前方後円墳《ぜんぽうこうえんふん》という埋葬文化を共有することでつながるというヤマト建国以来の国のかたちが、大きく変わろうとしていた。その時女帝が出現したのは、偶然ではないと思う。大きく統治システムが様変わりするとき、女帝が求められたのだろう。

すでに述べたように、最初の遣隋使《けんずいし》で、倭国王は隋の皇帝から笑われた。隋や唐は明文法を作り、強大な権力を握る皇帝を頂点とする中央集権国家を作ろうとしていたから、「呑気《のんき》なヒメヒコ制」に、さぞや驚いたにちがいない。

当然、ここから、統治システムは大きく組み替えられていく。蘇我氏が中心となって、律令制度導入《りつりょうせいど》への「試み」が始まったのである。

ここで少し、日本の律令制度について考えておこう。

律令制度とは、「律（刑法）」と「令（行政法）」からなる法体系だが、それまで明確な法を、倭国は持ち合わせていなかったようだ。たとえば聖徳太子の憲法十七条は、「訓戒」のようなもので「法律」の体をなしていない。

一般には、乙巳《いっし》の変《へん》（六四五）ののちの大化改新によって、律令整備の第一歩がはじまり、大宝律令《たいほうりつりょう》（七〇一）の制定によって、ほぼ完成したと考えられている。

律令の規定の中で興味深いのは、やはり「実権を握っていたのは誰か」「天皇とはどのような存在なのか」ではなかろうか。

天皇の命令は絶対だ。しかしそれは、天皇の意志ではない。

公式令《くうじきりょう》「天子の神璽条《てんじのじんじ》」に、「内印は五位以上の位記及び諸国に下す時の公文《くうもん》に印せよ、外印は六位以下の位記及び太政官《だいじょうかん》の文案《もんあん》に印せよ」とある。

天皇の命令は、文字になって、内印（天皇御璽《てんのうぎょじ》）。「内」は天皇。「外印」の「外」は、太政官）を捺されて、天下に下される。ただし、天皇は太政官（合議組織であり、国政の最高機関）から奏上された案件を追認するにすぎない。そして、文字に起こされた命令や人事に、内印が捺《お》され、正式な「天皇の命令」となる。

つまり、日本の律令は、原則として天皇から実権を奪っている。中国の隋や唐で完成した「皇帝の権力を保障した法律」とは、似て非なるものだ。中国の律令制度に学び、日本の風土に合うように改良した。日本人の得意技といえるかもしれない。

それにしても、五世紀後半の雄略天皇の出現から、中央集権への道をひた走ってきたはずなのに、なぜ八世紀の初頭、天皇の権力は骨抜きにされてしまったのだろう。それはおそらく、多神教的信仰形態の本では、「ひとりの絶対的な存在」を受け付けなかったからだろう。

ならば、古い社会秩序が崩壊し、律令制度が整っていくまでの間、女帝が林立したのはなぜか……。「混乱の時代に女性が求められるから」ではないかと、筆者は疑っている。

邪馬台国の卑弥呼や台与がそうであったように、「人智を超えた混乱状態」に陥ったとき女王を求めるのは、日本人の根源的な「クセ」なのではないかと思える節がある。

もちろん、これは私的な感想にすぎないのだが、古代史を眺めてみれば、「安定していた時代に女帝は現れていない」のは事実である。

そこでいよいよ、推古天皇の話をしておこう。

なぜ六世紀に推古女帝が登場したのか

なぜ、六世紀に推古天皇が登場したのだろう。

『元興寺伽藍縁起《がんごうじがらんえんぎ》 幷《ならびに》 流記資財帳《るきしざいちょう》』の中に、「大々王《おおおおきみ》」と呼ばれる謎の女性が登場する。前後の文脈から、推古天皇と目されるこの人物は、仏教排斥運動に励む物部氏や中臣氏の前で、大演説を行なうのだ。その場面で大々王は、「わが眷属《けんぞく》（一族）よ」と呼びかけ、天を仰いで涙し、みなに向かって次のように語っている。

私の眷属たちは、愚かで邪《よこしま》な誘いに乗って三宝《さんぼう》（仏法僧）を破壊し焼き流してしまった。私は寺を建て、眷属が仏法を焼流させた罪をあがない、除いてほしいと願った。二度と破らず、流さず、裂かず、焼かず、盗らず、犯さないことを。もしこの願いが破られれば、必ず災難が降りかかりますように。そしてもし、信心が篤ければ、仏法の褒美を頂戴できますように……。

すると大地は揺れ動き、雷雨が降りしきり、あたりを清めた。こうして物部氏や中臣氏は、心をひとつにして、以後三宝を破らないと誓ったのである。

この直前まで、物部氏と中臣《なかとみ》氏《し》が、仏教排斥に邁進していたことは、『日本書紀』に詳しい。そして、用明《ようめい》二年（五八七）、堪忍袋《かんにんぶくろ》の緒が切れた蘇我馬子《そがのうまこ》は、朝廷の主だったものをかき集めて、物部守屋《もののべのもりや》を攻め滅ぼしてしまった。しかし、『元興寺伽藍縁起幷流記資財帳』の証言をとれば、物部氏と蘇我氏の決定的な衝突は回避されていたことになる。「大々王なる人物が、物部氏と中臣氏を説得した」といっている。

物部系の『先代旧事本紀《せんだいくじほんぎ》』も、物部守屋滅亡事件があったかどうか、一言も触れていない。「被害者側の沈黙」は、興味深い。『日本書紀』は物部守屋が滅びて、物部氏の没落を印象づけ、また蘇我馬子の妻は物部系で、この妻の計略を用いて物部守屋を貶《おとし》めたといっている。これに対し『先代旧事本紀』は、「そもそも物部守屋は傍流だった」と述べ、蘇我馬子と物部系の女性から産まれ落ちたのが豊浦大臣《とゆらのおおおみ》で、その名を入鹿《いるか》と記し、『日本書紀』が「極悪人」のレッテルを貼った蘇我入鹿が、物部系であったことをあえて掲げているのだ。

ちなみに『日本書紀』も、蘇我氏と物部氏のつながりを否定していない。皇極二年十月条に、蘇我蝦夷《そがのえみし》が密かにこの蘇我入鹿《そがのいるか》に紫冠を授け、大臣の位になぞらえたこと、その弟を物部大臣《もののべのおおおみ》と呼んだが、物部大臣の祖母は物部守屋の妹で、その財力を背景に、世に威を示すことができたとある。

ここに集められたそれぞれの証言を、どう組み合わせれば、真実に近づけられるのだろう。あるいは、朝廷の正式見解『日本書紀』の記事を鵜呑みにすべきなのだろうか。

じつはこの、混迷し矛盾する情報の中に、真実は隠されていたのだ。やはり、勝者側の一方的な主張＝『日本書紀』のついた嘘の裏側を、敗者側の『先代旧事本紀』や『元興寺伽藍縁起并流記資財帳』が必死に暴露している様子が透けてみえてくるのである。

律令整備最大の難関を『日本書紀』は隠している

『日本書紀』は、律令整備の最大の難関を隠匿《いんとく》している。

律令制度は土地改革も含んでいた。それまでは、豪族たちが土地と民を私有していたが、律令制度のもとでは、土地と民は国家のものであった。戸籍を作り頭数に応じて、土地を公平に分配する。つまり、律令制度を整備するには、まず、私有地と私有民を豪族の手から奪わねばならない。その代わり、豪族たちには相応の官位と役職を与える。

要は、原始的な共産主義を実践しようとしていたのだ。この点、律令税制は、いずれ破綻することは目に見えていたのだが、そんなことは当時の人間に分かるはずもない。

一方豪族たちにすれば、新制度はいい迷惑だった。彼らは土地と民を私有、世襲していて、それが権力と発言力の源泉だったのに、その力の源泉が奪われてしまう。すべては、下された人事に、一喜一憂しなければならなくなる。当然、安定した生活は望めなくなる可能性があり、「なぜ、せっかく苦労してため込んだ土地と民を手放さなければならないのか」と、不満を抱いただろう。

当時、日本で最大の土地を所有していたのは、物部氏であり、「誰が大豪族の首に鈴をつけるのか」が、改革派にとって、最大の課題だっただろう。

『日本書紀』は、蘇我氏と物部氏の緊張した関係を、「仏教導入をめぐる争い」と語っているが、実際には、「土地争い」だったのではあるまいか。物部氏が最大の抵抗勢力として、しばらく「がんばっていた」のはたしかだろう。だからこそ、物部氏を説得する必要があった。

「多くの豪族は、改革に不満だろう。しかし、最大の豪族・物部氏が率先して土地を差し出せば、他の人たちも、従ってくるのではないだろうか」

これが、朝廷や蘇我氏ら改革派の目論見だっただろう。

ならばなぜ、あえて『日本書紀』は仏教導入をめぐる争いを強調し、「土地問題などどこにもなかった」とカムフラージュしているのだろう。それは、「豪族の土地をめぐる争いを解決したのが蘇我氏と物部氏だった」ことを隠匿するためだろう。特に、「蘇我氏は大悪人で改革の邪魔になった」と印象操作していたのだから、当然、この事実を隠す必要があった。

『先代旧事本紀』には、蘇我馬子に嫁いだ物部鎌姫大刀自連公《もののべのかまひめおおとじのむらじきみ》なる人物（物部守屋の姪）が登場し、豊浦大臣（名を入鹿連公）を産んだこと、推古天皇の時代に「参《まつりごと》政《あずかり》」となって神宮《かみつみや》を斎奉《いつきまつ》ったとある。朝廷の祭祀を掌り、政治力を発揮した、ということだろう。

物部鎌姫大刀自連公は蘇我氏に嫁ぎ政治力を発揮して、物部氏と蘇我氏の仲介役を務めたであろう。ひょっとして、この謎の女人こそ、『元興寺伽藍縁起幷流記資財帳』の大々王であり、『日本書紀』のいう推古天皇の正体ではなかったか。

物部氏から広大な土地を奪い取る以上、物部氏を優遇する必要があった。だから、物部系の女人を政府の中枢に据えることによって、「新体制への移行」を、物部氏の主導のもとに、潤滑に行う必要があったのではあるまいか。そのシンボルが、物部鎌姫大刀自連公であり、『日本書紀』は、改革事業が蘇我氏と物部氏の協力によって成し遂げられたことを隠蔽するために、物部鎌姫大刀自連公という女傑を、「推古天皇」にすり替えて、抹殺してしまったのではなかろうか。

物部鎌姫大刀自連公や大々王という「隠語」

『日本書紀』が律令制度の根本的な問題を記録しなかったために、推古女帝擁立の意味が、分からなくなってしまったのだと思う。だからこそ、『先代旧事本紀』や『元興寺伽藍縁起幷流記資財帳』は、必死になって、「物部鎌姫大刀自連公」や「大々王」という「隠語」を駆使して、「物部氏が土地を手放す覚悟を決めたとき大活躍していた物部系の女傑が存在していた」と、訴え続けていたように思えてならないのである。

また、『隋書《ずいしょ》』倭国伝《わこくでん》が、当時の日本の王が「女王だった」とは記録していないことも、気になるところだ。

すでに述べたように、中国では女帝は例外中の例外だったから、当時の日本に女王が立っていたら、驚いて記録していただろう。そうしなかったのは、本当の王が男性だったからではないか？　そして『日本書紀』は、その人物の姿を抹殺するために、「推古天皇」を登場させたのではなかったか……。

第二十九代欽明天皇《きんめいてんのう》は、蘇我稲目《そがのいなめ》の二人の娘、堅塩媛《きたしひめ》と小姉君《おあねのきみ》を迎え入れている。それぞれが子を産んでいき、ここに新たな「腹」ごとの派閥が生まれている。

しかも、堅塩媛から産まれた用明天皇《ようめいてんのう》と推古天皇は、はっきりと親蘇我派なのに対し、小姉君から産まれた穴穂部皇子《あなほべのみこ》と崇峻天皇《すしゅんてんのう》は「反蘇我的な動き」を見せていた。くり返すが、崇峻天皇は蘇我系なのに、蘇我馬子のさし向けた刺客の手で殺されたと『日本書紀』は言う。なぜ、崇峻天皇は蘇我系の血統なのに反蘇我派で、蘇我氏と死闘を演じていたのだろう。

小姉君は、本当は物部系なのではないかと思えてくる。

「穴穂部」は、物部氏と接点があり、蘇我氏と敵対した物部守屋は、穴穂部皇子と手を組んでいたから、仮に小姉君が蘇我系としても、本流と対峙《たいじ》した傍流の蘇我氏が、物部氏と手を組んだ、ということも考えられる。

作家の黒岩重吾《くろいわじゅうご》も、小姉君の「君」は「姓（かばね）」ではないかと考え、物部氏が『先代旧事本紀』の中で「物部公（君）」と呼ばれていることを重視し、小姉君を物部系とみなす。蘇我稲目は大伴金村を蹴落とすために、物部系の女性を娶っていたのではないか、というのだ（『藤ノ木古墳と六世紀』黒岩重吾　大和岩雄　大和書房）。

ところで、小姉君の娘に穴穂部間人皇女《あなほべのはしひとのひめみこ》がいて、堅塩媛の子の用明天皇と結ばれている。そして産まれ落ちたのが、廏戸皇子《うまやどのみこ》（聖徳太子《しょうとくたいし》）だった。

『元興寺伽藍縁起幷流記資財帳』の中で、大々王が廏戸皇子を「わが子」と呼ぶ場面があって、これも大きな謎なのだが、大々王は推古天皇に似ていて異なる点がいくつもあり、「廏戸皇子が子」も、話が食い違うのだが、もし穴穂部間人皇女と大々王が同一と考えれば、推古天皇は『日本書紀』の言うところの穴穂部間人皇女で、しかも彼女は物部系だったと考えれば、多くの謎が氷解する。また、推古天皇の名は「額田部《ぬかたべ》」で、「額田」と物部氏の間に接点があることは、拙著『「女性天皇」誕生の謎』（講談社＋α文庫）の中で述べたとおりだ。

推古天皇は女王ではない？

ここに、蘇我氏と物部氏の対立、その後の和解という仮説が得られる。もう一度、整理しておこう。

二回目の遣隋使が功を奏し、隋《ずい》から裴世清《はいせいせい》が来日した。この時裴世清は日本の王と会話をしたと『隋書』倭国伝に記録されているが、『日本書紀』は、この事実を掲げていない。なぜかこの大切な、日本の外交史を飾る重要な場面で、『日本書紀』は、推古天皇と聖徳太子を登場させていないのだ。

ここに、大きな謎が隠されていた。実際には、男王が裴世清に会ったから、『隋書』倭国伝は「日本は女王を立てていた」と書かなかったのであり、『日本書紀』は、男王の姿を晴れ舞台から消したのだろう。

『先代旧事本紀』が、物部鎌姫大刀自連公は「祭祀を司り、大活躍をした」と特記していたのは、ヒメヒコ制の「大物のヒメ」として、男王に仕えた巫女王の姿をあぶり出そうとしていたからではなかったか。もちろん、男王は『日本書紀』に抹殺されたのだから、蘇我系の英雄的な大王だったと思われる。

つまり、推古天皇が史上初の女王として『日本書紀』に登場したのは、「ヒメヒコ制」のもっとも輝ける巫女のひとりで、しかも、隋の皇帝に笑われて、律令的なヒメヒコ制に移行する直前の、最後の「ヒメ」だったからではなかったか。そして、この女傑が物部氏を説得しなければ、律令整備への階段を上ることはできなかっただろう。

ならば、ここで誰が男王に立っていたのかといえば、蘇我氏と物部氏が納得する何者かで、しかも蘇我と物部の血が混じった誰かだったのだろう。その正体がここではっきりと言い出せないのは、「複雑な聖徳太子をめぐる謎解き」まで言及しなければならないからで、あえて答えは出さずにおく。

ただ、これだけは言えるだろう。この大転換期の歴史は、きれいさっぱり改竄《かいざん》されてしまい、なかなか真相を掴むことができないのだ。だから、「聖徳太子は謎だらけ」といわれている。

繰り返し述べてきたように、『日本書紀』編纂時の権力者は藤原不比等《ふじわらのふひと》なのだが、この人物は、大宝律令《たいほうりつりょう》（七〇一）をまとめ上げた功労者でもある。藤原不比等の父・中臣鎌足《なかとみのかまたり》が蘇我入鹿を殺して、ようやく律令制度の準備が始まったという『日本書紀』の主張を証明するためには工夫が必要で、ありとあらゆるカラクリを必要としたわけだ。当然のことながら、蘇我氏と物部氏が手を組み、歯を食いしばって、「まずは豪族の土地を集めよう」と、手を組んだ段階（つまり、律令の本当の大変な事業）を抹殺せざるを得なかったのだろう。

常世の神を懲らしめてしまった秦河勝

なぜ推古天皇と律令制度の話をして置いたかというと、蘇我氏と物部氏の関係、律令制度に蘇我氏が邁進していたという事実を再確認しておかないと、この後の話が通じないからだ。特に、「皇極（斉明）天皇という難問」を解く鍵が、これでそろったのである。

ただし、ここで、少し話は横道にそれる。知られざる抵抗勢力の話だ。『日本書紀』に、改革事業の邪魔をする大豪族の話が出てくる。もちろん、「神話じみた話」にすり替えているのだが……。

蘇我入鹿暗殺直前の皇極三年（六四四）秋七月、『日本書紀』に、不思議なことが書かれている。

東国の不尽河《ふじがわ》（富士川）のほとり、大生部多《おおうべのおお》なる人物が虫を祀ることを村里の人々に勧めていた。

「これは、常世《とこよ》の神です。この神を祀れば、富と長寿を得ることができます」

と説いてまわった。巫覡《ふげき》らはついに偽って神託と称して次のように語った。

「常世の神を祀れば、貧しい者は富を得、老いた者は若返る」

こうしてますます盛んに勧誘し、人々の家の財宝を捨てさせ、酒、野菜や家畜を道端に並べて、「新しい富が入ってきた」と叫ばせた。都や田舎の人は、常世の虫をとって、清座《しきい》（家の中の神聖な場所）に置いて、歌って舞い、福を求めて珍宝を捨てた。しかし、御利益はなく、損ない費やすことばかりだった。

ここに葛野《かどの》（京都盆地南西部一帯）の秦造《はたのみやつこ》河勝《かわかつ》が、民が惑わされているのを憎み、大生部多を討ち取った。巫覡らは、恐れて、宗教活動をやめた。時の人は、次のように歌を造った。

太秦《うずまさ》は　神《かみ》とも神と　聞《きこ》え来《く》る　常世《とこよ》の神を　打《う》ち懲《きた》ますも
（太秦＝秦河勝《はたのかわかつ》は、神の中の神と噂された常世の神を打ち懲らしめた）

この虫は、つねに橘の木や曼椒《ほそき》（山椒）に生じる。長さは四寸あまり、大きさは親指ぐらいで、色は緑で黒い斑点がある。その形は、蚕《かいこ》にそっくりだ。

これが、事件のあらましだ。

まず、「常世」とはなんだろう。ふたつの相反する意味があって、ひとつは死後の世界。そしてもうひとつは、不老不死の世界を指している。

秦河勝は、「民を欺す新興宗教の教祖（常世の神）を討ち取った」のだから、「常世」は悪いイメージだ。ところが、歌を観ると、「神の中の神」といっている。いったい、どちらが本当のことなのだろう。

そして、乙巳の変の直前に記されたこの奇妙な事件、何を意味しているのだろう。

こういうことではなかったか。秦氏といえば、新羅系の渡来豪族で、古くから日本に渡り、殖産興業《しょくさんこうぎょう》に励み、痩せた土地を開墾し、農地を増やし、養蚕業《ようさんぎょう》も手がけ、富を蓄えていた。また、物部氏同様、広大な土地とネットワークを持っていて、王家も彼らを無視できなかった。たとえば六世紀半ばの第二十九代欽明天皇《きんめいてんのう》の即位前期に、次の話が載る。

欽明天皇が幼かったとき、夢に人が現れて、次のように語った。

「もし秦大津父《はたのおおつち》なるものを寵愛《ちょうあい》すれば、成人したのち天下を掌握するに違いありません」

そこで人を遣わして探させると、山背国《やましろのくに》の紀郡《きのこおり》の深草里《ふかくさのさと》（現在の京都市伏見区稲荷町から大亀谷町）で夢の通り大津父をみつけたのだった。大喜びした欽明は、さっそく大津父を呼び寄せ厚遇すると、国も栄えた。そこで即位してのち、大津父に大蔵の管理を任せた……。

五世紀末、武烈天皇《ぶれつてんのう》が平群氏《へぐりし》と物部氏の女性を奪い合ったのは、物部氏の力（財力、武力）を借りたかったからで、欽明天皇の場合、渡来系の秦氏《はたし》を頼ったのだ。それほど富を蓄えていた秦氏であるならば、やはり律令制度に反発していた可能性が高い。

そこで先の秦河勝の事件を見つめ直すと、大生部王《おおうべのおお》が、「それまで持っていた富を手放せば、幸せになれると、人々を欺していた」と書かれていて、これこそ、「律令土地制度そのもの」ではないかと思いいたる。すなわち、この事件は、秦氏も蘇我氏の押し進める改革事業に反発していたことを示している。もちろん、『日本書紀』は、「蘇我氏は反動勢力」と印象づけるために、秦河勝の行動を、「新興宗教潰し」という別の話にすり替えてしまったわけだ。

なぜ古人大兄皇子は即位しなかったのか

なぜ女帝の話なのに、秦河勝の話をしたかというと、これが皇極女帝の治政下の出来事で、本当の改革事業には、大きな代償もついて回ったという話をしておきたかったからだ。しかもこれは、蘇我入鹿暗殺直前の話で、皇極天皇にも大きくかかわっていただろうこと、律令整備の大混乱の中で、女帝が選ばれたことは、けっして無意味ではないと思うからである。

しかも、皇極天皇は皇族としての地位が低かった。天皇の血が薄かったのだ。舒明天皇の正妃にならなければ、即位の芽はなかっただろう。ここに、皇極天皇の大きな謎が隠されている。

そもそも、皇極天皇とは、何者だったのだろう。ここで改めて、皇極天皇の生涯を、ふり返っておこう。

皇極天皇（宝皇女《たからのひめみこ》）は、第三十代敏達天皇《びだつてんのう》の曾孫だ。母系も欽明天皇の系譜に連なるが、やはり曾孫だから、皇族としての血はきわめて薄い。蘇我氏とは曾祖母の堅塩媛でかろうじてつながっている。

当時、即位可能な男性皇族がまったく存在しなかったわけではなく、したがって、なぜ皇極が即位できたのか、多くの謎を残した。なぜここで、女帝が求められたのだろう。重祚していることも不思議だ。

一般には、皇位継承問題が激化していて、蘇我氏は古人大兄皇子《ふりひとのおおえのみこ》の即位を願っていたが、結論を先送りするために、前帝の皇后に白羽の矢を立てたのではないかと考えられている。これが、いわゆる中継ぎ女帝だ。

しかしそれなら、舒明天皇《じょめいてんのう》崩御の直後に、息子の古人大兄皇子を即位させるべきだった。宝皇女が即位すれば、その腹から生まれた二人の皇子（中大兄皇子と大海人皇子《おおあまのみこ》）が、古人大兄皇子の強力なライバルに浮上するからだ。

もちろん、皇極は舒明天皇の皇后で、夫の崩御を受けて即位したのだから、「あり得ないことがごり押しされた」わけではない。しかし、なぜあえて女帝を選んだのか、『日本書紀』を読んだだけでは、その理由が分からない。

筆者には、ひとつの仮説がある。それは、皇極天皇も、推古天皇同様、物部系だったのではないかということ、そしてここでも、物部系の女傑を担ぎ上げ、改革事業の潤滑油にしたのではないか、ということである。

物部氏と蘇我氏、百済と新羅

ここで少し遠回りをして、蘇我氏と物部氏の、対立のひとつの重要な原因の話をしておかなければならない。それが、両者の外交戦略の差だ。朝鮮半島南部のふたつの地域それぞれと、物部氏と蘇我氏がつながっていたようなのだ。ここに女帝のみならず、七世紀の政争と天皇の歴史を読み解くための大切なヒントが隠されていたのだ。

四世紀末に朝鮮半島の高句麗は南下政策をとり、倭国は盛んに朝鮮半島に軍団を送り込んでいた。その中心に立っていたのは物部氏だったようだ。その後も朝鮮半島西南部の百済《くだら》に、物部系の役人が渡り、棲みついていた。ヤマト政権の重鎮でもあった物部氏は、百済と結びつくことによって、主導権を発揮していたのだ。だから、長い間倭国の外交政策は、「親百済」であった。

これに対し蘇我氏は、伽耶《かや》や新羅《しらぎ》との関係を重視していた。そして、中国に統一王朝・隋が登場すると、蘇我系の政権は、それまでの「百済一辺倒」を是正しようと目論んでいた気配がある。裴世清《はいせいせい》が来日したあと、新羅の使者が来日し、蘇我氏が歓迎していた様子が、『日本書紀』に残されている。

古い時代の百済と新羅は、高句麗が南下しているときは手を組み、平穏なときは競い合った。六世紀には、朝鮮半島最南端の伽耶《かや》の領土をめぐり、争いが絶えなくなっていた。また、次第に新羅が勢いを得て、結局唐と新羅の連合軍が、百済をほろぼしてしまった。だから、日本に逃れてきた百済の王族、貴族は、少なくなかった。そして彼らは、新羅を深く恨んだのである。

ちなみに、筆者は古代史の英雄・中臣《なかとみの》（藤原）鎌足《かまたり》は、人質となって来日していた百済王子・豊璋《ほうしょう》（余豊璋《よほうしょう》）ではないかと疑っている（『藤原氏の正体』新潮文庫）。藤原氏は実権を握ると、新羅や高句麗系の渡来人を地方に移住させ、百済系を優遇している。また、藤原政権は、新羅をとことん敵視していく。余談までに……。

百済と新羅をめぐる思惑の差は、じつに因縁めいている。

こんなこともあった。『日本書紀』推古元年（五九三）正月十五日条に、法興寺《ほうこうじ》（飛鳥寺《あすかでら》）。蘇我氏の寺）の刹柱《さっちゅう》（仏塔の中心の柱）の礎（心礎）の中に仏舎利《ぶっしゃり》を置き、翌日刹柱を建てたという記事がある。

『扶桑略記《ふそうりゃっき》』はこの場面で、次のように語っている。

法興寺の刹柱を建てた日、嶋大臣《しまのおおおみ》（蘇我馬子）ら百余人は、百済服を着て参列したので、これを観ていた人たちはみな喜んだ……。

なぜ、蘇我氏らが百済の服を着たことが重要だったのだろう。それは、物部氏と蘇我氏の争いが、律令整備や仏教導入だけではなく、外交方針をめぐる主導権争いだったからでもあろう。伝統的な「百済重視」を打ち出す物部氏と、「隋や新羅も、無視できない」とする蘇我氏のせめぎ合いが続いていたのだろう。

しかし、物部氏が律令制度で妥協した時点で、蘇我氏も、物部氏にすり寄り、それを象徴的に表していたのが、「百済服」だったのではあるまいか。

舒明天皇と百済のつながり

百済と物部氏の関係がはっきりしたところで、話は皇極天皇の夫・舒明天皇に移りたい。

舒明天皇は、蘇我系ではない。それにもかかわらず蘇我氏全盛期に即位できたのは、この人物が「物部系」だったからではあるまいか。というのも、舒明天皇は、なぜか「百済」と多くの接点を持っていたからだ。

『日本書紀』舒明十一年（六三九）七月、舒明天皇は百済川のほとりに大宮と大寺を立てると宣言している（のちの百済宮《くだらのみや》と百済大寺《くだらおおでら》で、さらに大官大寺《だいかんだいじ》、大安寺《だいあんじ》に発展していく）。百済大寺は現在の吉備池廃寺《きびいけはいじ》（奈良県桜井市吉備）と考えられていて、飛鳥時代最大規模の寺院だったことが分かっている。塔址が一辺三十メートルもあり、天を突くような九重塔が屹立《きつりつ》していた。

舒明十二年（六四〇）十月、舒明天皇は、百済川のほとりの百済宮に遷っている。翌年十月、ここで崩御。宮の北側で殯《もがり》が行なわれ、『日本書紀』はこれを、「百済《くだら》の大《おお》殯《もがり》」と、特記している。

なぜ、舒明天皇は「百済の地」とつながっているのだろう。たまたま地名が百済だったから百済宮になったというよりも、舒明天皇が何かしらの形で百済と近しかったから、「百済」の名が重なったとしか思えない。百済系の渡来人がここに集住していたから、「百済」の地名が起きたにちがいなく、舒明天皇は、百済の人脈に囲まれていた可能性もある。

そして、なぜここまで「百済」と接点を持っていたのかといえば、舒明天皇が物部系か、物部氏に後押しされていたからであろう。

蘇我馬子が弑逆したという崇峻天皇も、舒明天皇と同じ「小姉君系」なのだから、こうなってくると、「やはり物部系ではないか」と思えてくる。

崇峻天皇は『日本書紀』の掲げた系譜を信じれば、蘇我系で、蘇我氏が担ぎ上げた天皇だった。しかし、崇峻天皇は、なぜか蘇我氏の本拠地から離れ場所に宮を建てている。それが倉梯宮《くらはしのみや》（奈良県桜井市倉橋）で、多武峰《とうのみね》への北側からの入口に当たる。多武峰といえば、中臣鎌足を祀る談山神社《たんざんじんじゃ》が鎮座する。乙巳《いっし》の変《へん》（六四五）の直前、中大兄皇子と中臣鎌足がここで、暗殺計画の密談をしていたために「談山」の名がおこったという。いわば、反蘇我派の拠点である。

また、百済系渡来人が、この宮の東南にかけて集住していた。一帯は物部氏とともに親百済派だった中臣氏の拠点でもある。

もし、彼らが私見どおり物部系であり、物部氏の押す人脈だとしたら、なぜ蘇我氏は、軋轢《あつれき》が生まれるのを承知の上で、彼らを担ぎ上げたのだろう。

律令整備の過程で物部氏から土地を吸い上げるのだから、その見返りが必要だ。そこで蘇我氏は、「物部系の王家」を立てることで、律令整備の主導権を物部氏や物部系皇族に委ねようとしたのではなかったか。それでも、物部氏内部で、不満がくすぶっていて、表面化して蘇我氏と衝突するものも現れたのではなかったか。

なぜ蘇我氏全盛期、蘇我氏は王家と反りが合わなかったのか……。それは、蘇我氏が王家を蔑《ないがし》ろにしたからだとこれまで信じられてきた。しかし実際には、物部系の王を立て、妥協点を探り合っていたのではないかと思えてくるのだ。

そして、同じように物部氏が推す皇極天皇が立って、ようやく政権は安定したのだと思う。物部氏と蘇我氏の外交政策の差、百済との関係にこだわってみたのは、この「皇極天皇の即位の意味」を知りたかったからなのだ。

宝皇女の初婚の相手は蘇我系皇族だった

皇極天皇は蘇我氏や物部氏に推されて即位し、改革を押し進める希望に満ちた時代が到来したのだろう。

しかし、蘇我入鹿暗殺によって、政権に動揺が走った。クーデターの首謀者は皇極の子・中大兄皇子だった。手を組んだのが「親百済派の中臣鎌足」だったから、中大兄皇子は蘇我氏と物部氏の「和解前の因縁」を引きずっていたというのだろうか。

すでに述べたように、皇極天皇は地獄に堕ちたと善光寺で語り継がれていた。それはそうだろう、乙巳の変で政権を支える大黒柱が暗殺され、しかも、首謀者が息子だったのだから、責任を感じていたにちがいない。物部氏と蘇我氏の関係が明確になってみると、皇極と取り巻きの苦しみがよく分かる。

ではなぜ、中大兄皇子は蘇我入鹿暗殺に突っ走ったのだろう。

ヒントは、斉明即位前紀に残されている。皇極天皇の記事の中で触れられていなかったこの女人の過去が、なぜか順番が入れ違い、重祚《ちょうそ》したあとのこちらの場面で語られていたのだ。

斉明は、始め用明天皇の孫・高向王《たかむこのおおきみ》と結ばれ、漢皇子《あやのみこ》を生んだ。のちに、舒明に嫁ぎ、二男一女を産んだ。舒明二年（六三〇）に皇后となったことは、皇極紀に記したとおりだ、

というのである。

用明天皇は蘇我系の皇族で、高向王の「高向」や漢皇子の「漢」のどちらも、蘇我氏と縁のある名前だ。宝皇女《たからのひめみこ》（本当は天皇の娘ではないから、皇女ではなく「宝《たから》

王《のみこ》」）は、最初蘇我系の皇族と結ばれ、男子を生んでいたことが分かる。

不可解なのは、なぜ皇極即位前紀で取りあげず、重祚した段階で、「じつは、蘇我系の皇族とお付き合いがあった」と、付け足したのか、ということである。

おそらく、『日本書紀』は皇極天皇と蘇我氏の親密ぶりを蘇我入鹿暗殺の前に紹介したくなかったのだろう。読者に「皇極が、なぜ蘇我系皇族と結ばれていたのだ?」と、大きな謎を抱えさせたまま、蘇我入鹿暗殺の場面に進むことはできなかったということだろう。ここに、『日本書紀』編者の「深慮遠謀」が隠されているように思えてならない。逆に、皇極の過去に、多くを語れない何かがあるのだろう。

ここで、俄然注目を浴びるのが、漢王《あやのみこ》（皇子）の存在である。

仮に、宝王（のちの皇極天皇）を希代の悪女と想定してみよう。宝王が「本当は高向王を愛していたのに、息子の漢王を即位させる野望を抱いたとしたら……」どうしていただろう。高向王のもとを離れ、有力皇位継承候補の田村皇子《たむらのみこ》（のちの舒明天皇）に嫁ぎ、舒明天皇崩御ののち玉座を手に入れて（皇極天皇になって）、「漢王」を「漢皇子（皇子や皇女は天皇の子。宝王の息子が、皇極天皇の御子に化けた）」に仕立て上げたということは考えられないだろうか。

あるいは、蘇我氏の悪だくみ、という線もあり得る。やはり蘇我系の漢王を「皇子」にすり替えるために、母親を田村皇子（舒明）に嫁がせ、皇后の位につけ、夫の死後即位させ、漢王を「漢皇子」に昇格させた可能性だ。王よりも皇子の方が、皇位継承争いで、断然有利になる。

もっとも、「蘇我氏は悪」という発想があるから、これが「悪だくみ」と見えるのであって、これまでの常識から抜け出せば、「律令整備のために、蘇我系と物部系が協力して、権力を集中するために漢王の即位を画策した」と言い直せるかもしれない。もし仮に、漢王が誰もが認める優秀な人物であれば、この方法もやむを得なかったのではあるまいか。

なぜこのような推理を進めるかというと、舒明と皇極の間に生まれた大海人皇子（天《てん》武天皇《むてんのう》）が、「本当は漢皇子だったのではないか」と疑われているからだ。

中大兄皇子と大海人皇子の年齢は逆転する？

中大兄皇子と大海人皇子は、『日本書紀』がいうような兄と弟ではなく、別人であったり、兄弟の順番が逆、あるいは、大海人皇子が兄で漢皇子と同一人物とする説が提出されている。

『日本書紀』を絶対視するなら「トンデモ説」ということになりそうだが、根拠はしっかりしている。中世に記された多くの文書で、ふたりの年齢の逆転現象が起きていたことなのだ。

『日本書紀』には、天智天皇は舒明天皇崩御（六四一）の年に十六歳と記し、西暦六七一年に天智派崩御しているため、享年は四十六となる。これに対し、天武天皇の年齢を知る手がかりは、『日本書紀』にない。没年は西暦六八六年ということだけだ。ただ、舒明と皇極の間に、中大兄皇子と大海人皇子が生まれたとあり、中大兄皇子を兄といっている。

では、中世文書はどうだろう。十五世紀に編纂がはじまり、以後何度も手が加えられた『本朝皇胤紹運録《ほんちょうこういんじょううんろく》』に、天武天皇は推古三十一年（六二三）誕生、朱鳥《あかみとり》元年（六八六）に六十五歳出亡くなったと言っている。この数字を当てはめると、舒明崩御の時、天武は二十歳で、天智の四つ年上になる。

このような伝承を、史学界は「天武六十五歳説は、五十六歳の倒錯に過ぎない」と、無視してしまっている。そもそも、八世紀の正史『日本書紀』と中世の稗史《はいし》（民間の歴史書。正史と区別される）では、信頼性に大きな差があるという。

事件を目撃した警察官や役人の生の証言と、後の世の民間人の「憶測」や「伝承」を比べれば、当然正史の記事を信用すべきことは分かる。しかし、「信頼できる目撃者」が、事件の当事者であれば、話は別だ。つまり、警官や役人が相手を殺し、事件の中心に立っていたとすれば、嘘をつく可能性が出てくる。そして、勝者に対し恨みを抱いている者は「敗者が知っている真相」を語り継ぎ、ありとあらゆる手段を駆使して、真相を暴こうとしただろう。

くどいようだが、『日本書紀』編纂時の権力者藤原不比等で、中大兄皇子（天智天皇）の右腕だった中臣鎌足の子だ。天智と天武の年齢を間違えるはずがない。親の代の英雄ふたりの兄弟関係が逆さまと、間違えるはずがない。

しかし、『日本書紀』は「同時代史」でさえも、「知らぬ存ぜぬ」をくり返すことがあるし、わざと勘違いしてみせる文書なのだ。もっとも分かりやすい例が、持統天皇の家族が確定できていないことだ。

建皇子《たけるのみこ》なる人物を、天智天皇《てんぢてんのう》と遠智娘《おちのいらつめ》（蘇我倉山田石川麻呂《そがのくらやまだいしかわのまろ》の娘）の間の子で、持統《じとう》の「兄か弟のどちらか」とぶれた挙げ句に、兄弟ではなかったとも言っている。また、本来同一人物で持統を指していた「鸕野皇女《うののひめみこ》」と「娑羅羅皇女《さららのひめみこ》」の母を別人にするなど、矛盾する記述に終始していたのだ。

『日本書紀』は、なにかを隠している。天武天皇や持統天皇は、ほぼ同時代人なのに、不自然な記述が目立つ。

天武天皇は天智天皇の兄?

中大兄皇子と大海人皇子の年齢が逆転してしまう、中世文書の記述を重視する大和岩雄《おおわいわお》は、天智と天武の年齢の逆転劇の過程を、次のようにまとめている（『天武天皇出生の謎』ロッコウブックス）。

まず、中世に至り、数々の文書の中に「天武崩年六十五歳説」が現れた。ところが、この年齢をそのまま『日本書紀』に当てはめてみると、兄弟関係が逆転してしまう。そこで天智崩年の四十六歳を五十八歳（六一四）生まれにして、辻褄を合わせる文書が出て来た。そして、この考えが定着すると、今度は、「天武崩年七十三歳説」が出現し、「天智・天武＝双生児説」が唱えられたが、その後、やはり天武崩年六十五歳説が、根強く残った……。

この中世文書の、天武天皇崩年にまつわる「こだわり」を、どう考えればよいのだろう。

大和岩雄は、天武は天智の兄で、『日本書紀』に記録されていた皇極天皇の最初に産んだ漢皇子こそ、大海人皇子の正体だったのではないかと推理した。天武天皇と漢皇子の間に、いくつもの接点が見出せるからである。

天武天皇の殯《もがり》（葬儀）で尾張氏傍流の大海《おおあま》氏が壬生《みぶ》の誄《しのびごと》を行なっていることから、大海氏が大海人皇子を養育し、だから、「大海人《おおあま》」の名がついたと考えられること、尾張氏は北陸に拠点を構えていたが、漢皇子の父・高向王の「高向」は、蘇我系の豪族「高向臣」の名であるとともに、北陸と縁が深い。

大和岩雄は、『日本書紀』が持統天皇の兄弟関係を特定できないこと、持統天皇本人を二人に分けてしまったことに関して、「大海人皇子と漢皇子別人説の信憑性《しんぴょうせい》の裏付けにした（前掲書）」と指摘した。大いにあり得ることだ。

とは言っても、大和岩雄が多くの著作の中で、あらゆる推理を働かせて仮説を証明してみせても、史学界は「天武天皇＝漢皇子説」を、ほぼ無視したままだ。

しかし、天智天皇と天武天皇の兄弟が犬猿の仲だったこと、その原因を突きつめていくと、「大海人皇子が蘇我氏と親しくしていたから」だったことがわかる。大海人皇子が蘇我氏と親しかったのは、蘇我系の漢皇子だったからではあるまいか。

百歩譲って、もし仮に大和岩雄の考えが間違っていたとしても、これから述べていくように、大海人皇子が蘇我氏と強くつながっていたことは間違いなく、ここにこれまで見すごされてきた古代史最大の謎が隠されていたのである。

同じ父母から産まれた兄弟の間で、「親蘇我派」と「反蘇我派」に分裂していたことは間違いなく、その原因を知りたくなるのが人情というものだろう。

天智天皇と天武天皇は、古代史を解き明かすためにキーを握る二人であり、また、皇位継承の謎を追っていく中でも、無視できない存在なので、もう少し、「蘇我氏と王家」の関係を含めて、詳しく観ていこう。

天智天皇と天武天皇の謎を解く鍵を握ってくるのは、壬申の乱と「大海人皇子を憎んでいた藤原氏」、そして「大海人皇子を命がけで守った蘇我氏や尾張氏」で、ここが分かってくると、最後に皇極女帝擁立の意味が分かってくる。

大海人皇子が逆転勝利できた理由

壬申《じんしん》の乱《らん》の裏側、真相が分かれば、乙巳の変のみならず、古代史の謎の多くが氷解してしまう。そこで、乱に至る経過と、結末を概観しておこう。

天智十年（六七一）十月、天智天皇は病の床に臥《ふ》せった。皇太子の大海人皇子を呼び出し、皇位を譲ると伝えた。しかし、大海人皇子は即座に拒み、頭を剃り、武器を捨て、吉野に隠棲してしまったのだった。

天智崩御ののち、近江の大友皇子《おおとものみこ》と吉野の大海人皇子は、にらみ合いを続けたが、天武元年（六七二）六月、大海人皇子は、「近江朝は私を害そうとしている」と宣言し、わずかな手勢を率いて、吉野を脱出した。そして東国の軍団を味方に付けて、一気に近江朝を滅ぼしてしまったのだ。

なぜ、裸一貫で逃げた大海人皇子が、近江朝を倒してしまったのだろう。最大の原因は、大海人皇子を蘇我系豪族や尾張氏が後押ししていたことだ。

大海人皇子が天智天皇の病床に呼び出されたとき、蘇我安麻呂《そがのやすまろ》は「お言葉に注意されますように」と、忠告している。なにやら天智天皇に企みがあると、耳打ちしたのだろう。吉野に逃れた大海人皇子を、近江朝では、「虎に羽根を付けて放ったようなものだ」と臍《ほぞ》をかんだというから、天智の禅譲の申し出を素直に受け入れていたら、大海人皇子に謀反《むほん》の濡れ衣を着せて殺してしまうつもりだったのではあるまいか。まずここで、大海人皇子は「蘇我」に救われている。

乱勃発後、東国に逃れた大海人皇子を、尾張氏がまっ先に出迎え、軍資を提供している。『日本書紀』にとって、この事実はよほど都合が悪かったのか、まったく記録していない。乱勝利の最大の功労者は尾張氏であったのに、『日本書紀』は、まったく無視してしまっている。ちなみに、このころ、尾張氏と蘇我氏は強く結ばれていた。

さて、この大海人皇子の行動に対抗して大友皇子は東に向けて大軍団を派遣している。だが、副将格の蘇我果安《そがのはたやす》ら、蘇我系の重臣が裏切り、味方の総大将を討ち取ってしまった。このため近江の正面軍は、大決戦目前で空中分解し、大海人皇子軍の勝利を決定づけてしまった。この蘇我氏の裏切りによって、近江軍は瓦解してしまったのだ。

ここに、「大海人皇子を推していたのは蘇我氏と尾張氏」だったことが、はっきりとわかる。劣勢に立たされ吉野に隠棲《いんせい》していた大海人皇子が大逆転できたのは、尾張氏と蘇我氏が加勢したからだ。

それでは、なぜ蘇我氏と敵対していた天智天皇の弟が、蘇我氏とつながっていたのだろう。いつから、天武は蘇我氏と親しかったのだろう。それは、壬申の乱の直前のことなのか、それとも……。

皇極即位は身分の低い御子を玉座に据えるための方便?

そこで、乙巳の変直前の『日本書紀』に時間をもどすと、興味深い事実が浮かび上がってくる。蘇我入鹿暗殺に、中大兄皇子の同母弟の大海人皇子が参加していない。なぜこれまで、大海人皇子の姿が見えないことに、「不思議だ」と、声が上がらなかったのだろう。

中大兄皇子と中臣鎌足は、蘇我入鹿暗殺のために、ひとりでも多くの味方をつくろうと語り合っている。それはそうだろう。当時、盗人でも道の落とし物を拾わないほど、蘇我氏は恐れられていたと『日本書紀』は言う。暗殺は、一筋縄ではいかなかっただろう。ところが、なぜか中大兄皇子は弟の名を挙げていない。もっとも信頼できただろう血を分けた兄弟を、頼ろうとしなかったのだろう。それは、大海人皇子がこの時代からすでに、「蘇我氏のお気に入り」だったからではあるまいか。

つまり、蘇我氏は皇極天皇の皇子の中でも、大海人皇子の即位を願っていたのだろう。だからこそ、皇位を狙う中大兄皇子は、蘇我入鹿を暗殺し、大海人皇子即位の芽を摘んだのではなかったか。

もし仮に、大和岩雄の唱えるような、大海人皇子＝漢皇子説であれば、中大兄皇子の焦りは鮮明になってくるが、この考えをとらなくとも、大海人皇子が親蘇我派だったことは、間違いなく、大海人皇子と蘇我氏の「癒着《ゆちゃく》（中大兄皇子から観れば）」こそ、乙巳の変最大の原因だったのではあるまいか。

また、壬申の乱から逆算すれば、皇極天皇即位も、「物部氏と蘇我氏の融合」が大きな理由で、さらに、「物部氏と蘇我氏が皇極の子・大海人皇子の即位を願っていた」ことが、最大の理由だったと思われるのだ。

宝王（のちの皇極）も漢王も、どちらも皇族としての地位は低かった（天皇の曾孫）。そして、身分の低い皇族を即位させるためにも、宝を皇后に立て、即位させ、こうしてようやく「皇子」となった「漢」に、玉座を手渡そうという算段ではなかったか。

つまり、もし大和岩雄の大海人皇子＝漢皇子説が正しければ、皇極天皇が天皇の曾孫であるにもかかわらず、そして、女性であるにもかかわらず「即位せざるを得なかった」のは、「蘇我系の身分の低い皇族を即位させるための方便」だった可能性が出てくる。

なぜ天智天皇は蘇我系の人脈を取り立てたのか

もっとも、それなら、なぜ即位した天智天皇は、大海人皇子を皇太子に指名したのか、という新たな疑問が生まれる。

答えは簡単なことだ。天智天皇は大海人皇子のみならず、それまで天智が痛めつけてきた政敵の協力を得なければ、政権を運営できなかったのだ。

まず、天智は斉明天皇のもとで、無謀な百済救援を行なっている。ところが唐と新羅の連合軍の前に完敗してしまった。これが白村江《はくそんこう》の戦《たたか》い（六六三）で、日本は一度、滅亡の危機を味わったのだ。

西日本各地に防衛のための山城が造られた。唐と新羅の大軍が攻め込む恐れが出てきたからだ。ただ、新羅が唐を裏切ってくれたため、唐は日本を味方に引き入れようとした。これで、日本は救われたのである。

とは言っても、百済救援直前の世論は中大兄皇子に冷ややかで、「勝てるはずもない」と、批難されていた様子が、『日本書紀』の記事から伝わってくる。

さらに、天智六年（六六七）、中大兄皇子は飛鳥から近江に都を遷すが、不審火が絶えず、人々は口々に罵《ののし》っていた。そんなこともあって、中大兄皇子の即位は、天智七年（六六八）までずれ込んだ。

ここで大海人皇子が皇太子に指名されたのだが、天智天皇の目的は、大海人皇子を後押しする蘇我氏や尾張氏を、政権側に引き寄せる目的があったのだ。背に腹はかえられなかったのだ。天智の政権は、妥協の産物である。

天智天皇は、なぜか蘇我系豪族をまとめて取り立てて重用している。壬申の乱で近江朝の重臣たちがこぞって大海人皇子に荷担し、大友皇子を裏切ったのは、こういういきさつがあったからだ。

しかし、天智天皇と大海人皇子は、結局反りが合わなかった。藤原系の歴史書『藤氏《とうし》家伝《かでん》』に、次の話が残されている。とある宴席で、口論の末大海人皇子は床に槍を突き刺し、激怒した天智天皇は、斬り殺そうとした。危ういところで中臣鎌足は間に入り、取りなしたという。

日本最古の漢詩集『懐風藻《かいふうそう》』には、中臣鎌足が大友皇子を絶賛し、逆に大海人皇子を

「大悪人」と罵っていた話が出てくる。蘇我入鹿殺しの中大兄皇子（天智）と中臣鎌足のコンビが、ここまで大海人皇子を嫌っていたのは、蘇我入鹿存命中から、大海人皇子は蘇我氏に推され、もっとも皇位に近い男だったからだろう。

くり返すが、乙巳の変で中大兄皇子が蘇我入鹿を暗殺したのは、蘇我氏が改革の邪魔になったからではなく、蘇我氏を倒して、大海人皇子即位の芽を摘むためと考えれば、多くの謎が霧散するのだ。

皇極天皇は、蘇我入鹿暗殺の衝撃に耐えきれずに、譲位を申し出た。そして、この時なぜ中大兄皇子が即位しなかったかといえば、中臣鎌足の忠告を中大兄皇子が素直に受け入れたからと『日本書紀』は言うが、蘇我氏全盛期に蘇我入鹿を殺し、蘇我氏の推す大海人皇子の即位の芽を摘もうとした中大兄皇子を、誰も支持していなかったからにちがいない。

ならばなぜ、大海人皇子ではなく軽皇子が即位したのだろう。それは、律令整備の過程で、多くの不満分子が登場することは、容易に想像のつくところだった。だから、危険な改革を、まず皇極と弟の軽皇子で断行し、地ならしをし、大海人皇子の命を守ろうとしたのではなかったか。

律令整備は、壬申の乱の終結、天武天皇の即位によって、飛躍的に進んだ。

これまでの常識で考えれば、改革事業を邪魔立てしていたのは蘇我入鹿で、それを滅ぼした中大兄皇子が即位して改革は進捗したと考えたくなる。

しかし、白村江の戦いで大敗した中大兄皇子に、改革するだけの余力は残っていなかったのだ。そもそも、もし天智天皇が豪族から土地を取りあげていたら、不満ばかりが噴出しただろう。

天武天皇は蘇我氏の地盤・飛鳥に都を遷すと、皇族だけで政権運営を担う極端な独裁体制を敷いた。これが皇親政治で、豪族から土地と民を吸い上げ、人事を断行したのだろう。これが、律令整備最大の山場だ。

天皇の歴史のなかでも、天武朝は「普通とは違う時代」だったのだ。そして、この「統治システムを改変するための模索」は、五世紀後半から少しずつはじまり、六世紀に「王の形態も変えるべきなのか」という難題に直面したのだろう。女帝を立てたのも「もがき、模索した結果」と考えられる。

そのような中で、王家の巫女は、混乱を収束するために、王に立てられ、また「子を産む」という女性にしかない力を発揮した。新たな体制を産むための大切な子を育て上げるために、女帝が求められたのだろう。

皇極天皇はこの混乱の中で利用された悲劇の女帝だが、その一方で、新たな体制を産み出す基礎を築いた、偉大な人物でもあった。

第4章

利用される天皇

天武天皇の皇太子は本当に草壁皇子なのか？

天武天皇《てんむてんのう》が独裁王になったのは、律令整備のための方便であった。天智天皇《てんぢてんのう》の失政に不満は高まり、壬申《じんしん》の乱《らん》で一気に政権を奪取したから、多くの支持を集めていたことも間違いない。ヤマト建国から七世紀末までの「王家の歴史」の中で、天武天皇は特異な存在となったのだ。雄略天皇のように、「強い王」を目指す者は現れたが、ここまで強大な力を得て、しかも、誰もがひれ伏す盤石な体制は、かつて無かった。こうしてブルドーザーのように改革事業が押し進められていったのだ。

天武天皇存命中に改革事業が進展していれば、なんの問題もなかっただろう。しかし、天武天皇は志半ばで崩御してしまったのである。ここに、熾烈で長い皇位継承問題が勃発したのである。

なにしろ、即位した者が、強大な権力を握ることになる。天武天皇の多くのキサキが子を生んでいたから、「皇子のミウチや取り巻き」たちも、色めき立っただろう。

とは言っても、『日本書紀《にほんしょき》』は「天武天皇の皇太子は草壁皇子《くさかべのみこ》だった」といい、皇位継承問題は起こらなかったといっている。草壁皇子は、天武天皇の正妃（皇后）鸕野讃《うののさら》良《ら》（のちの持統天皇《じとうてんのう》）の一人っ子であった。

しかしこの話、信用できない。

朱鳥《あかみとり》元年（六八六）九月九日に天武天皇は崩御したが、草壁皇子はこのあと即位することなく無駄な時間を過ごし、持統三年（六八九）四月に亡くなっている。二年と数ヶ月、いったいなにが起きていたのだろう。そして、鸕野讚良が皇位に就く。数多存在した天武の皇子たちは、鸕野讚良の即位を、指をくわえて見守っていただけなのだろうか。

『懐風藻《かいふうそう》』は、奇妙な記事を残している。草壁皇子の最大のライバルで、天武天皇崩御の直後、謀反《むほん》を起こして刑死した大津皇子《おおつのみこ》を、「太子」と呼んでいる。これは皇太子のことで、漢字一文字一文字の意味を尊重する漢詩集ならば、なぜこのようなミスを犯したのだろう。そうではなく、大津皇子は実際には皇太子だったのではあるまいか。ただし『日本書紀』は、皇太子は草壁皇子だったと言い張り、大津皇子が謀反を起こして皇位を奪おうとしたといっている。

持統称制《しょうせい》前紀には、天武天皇崩御の年の冬十月二日に大津皇子の謀反が発覚したこと、逮捕された大津皇子に、翌日死を賜ったとある。

同月二十九日、詔《みことのり》があった。

「大津皇子は謀反を企《くわだ》てた。欺《あざむ》かれた役人、舎人《とねり》（下級役人）はやむを得ない。すでに大津皇子は死んだ。連座した従者は、みな許せ、礪杵道作《ときのみちつくり》だけは、伊豆に流せ」

三十余名が捕らえられたのに、寛大な処分が下されたのだ。

よく分からないのは、『日本書紀』を読んだだけでは、大津皇子がどのようなクーデターを起こそうとしたのか、まったくわからないことだ。証拠が、なにも上がっていないのだ。

『万葉集』に登場する石川女郎は蘇我の隠語

大津皇子は謀反発覚の直前、怪しい行動をとっている。『万葉集《まんようしゅう》』に大津皇子が伊勢に赴《おもむ》いていたことを記録されていたのだ。姉の伊勢斎王《いせさいおう》・大来皇女《おおくめのひめみこ》の歌が残されていた。訪ねてきた大津皇子を見送る歌だ。

大津皇子が父の殯宮《もがりのみや》を抜け出していたことが分かる。おそらく、東国の尾張氏《おわりし》と接触していたのだろう。この一件だけでも、じつに疑わしい行動だが、なぜか『日本書紀』は無視するのだ。謀反の証拠になるのに、なぜ沈黙を守ったのだろう。

『万葉集』は、『日本書紀』によって改竄《かいざん》され抹殺された歴史を歌を駆使して再現しようとした文書なのだが（拙著『なぜ「万葉集」は古代史の真相を封印したのか』じっぴコンパクト）、大津皇子が草壁皇子よりも有力な皇位継承候補だったことを歌で証明してみせている。

大津皇子と草壁皇子が、ひとりの女性をめぐって争っていたと、『万葉集』は言う。それが「石川女郎《いしかわのいらつめ》（石川郎女）」をめぐる恋の鞘当てで、巻二―一〇九から続く歌がよく知られている。

大船《おほぶね》の津守の占《うら》に告《の》らむとはまさしに知りてわが二人宿《ね》し

ふたりが密会したとき、大船の津守（津守連通《つもりのむらじとほる》）がそのことを占い露顕《ろけん》したのだ。津守連通は、この時代を代表する陰陽師《おんみょうじ》だった。二人は、そんなことはお構いなしに会っているのだと、歌はいう。

一方草壁皇子は、石川女郎に未練があったようだ。

大名児《おほなこ》を彼方野辺《をちかたのべ》に刈る草《かや》の束《つか》の間《あひだ》にもわれ忘れめや（巻二―一一〇）

大名児《おおなご》（石川女郎）を束の間でも忘れることができないと歌っている。

さて、この一連の歌、史学者たちは草壁皇子《くさかべのみこ》と大津皇子のライバル関係を推しはかる材料に使っているようだが、話はさらに複雑だ。石川女郎が、じつに怪しいのだ。

石川女郎（石川郎女）は、天智天皇の時代に登場し、多くの殿方と、歌を交わし、誘惑している。奈良時代の大伴田主《おおとものたぬし》にもちょっかいをだしている。当然、「石川女郎は同一人物ではなく、複数存在していた」と考えられているが、そうではなく、「石川女郎」は、「蘇我氏の隠語」だろう。

蘇我氏は「石川」の姓を名乗っていくが、「恋多き」「いつまでも老けることのない」石川女郎を「蘇我氏のこと」と考えれば、『万葉集』編者の言わんとすることが見えてくる。

ちなみに蘇我（石川）氏は壬申の乱を境に没落したと信じられているが、和銅六年（七一三）の石川刀子娘貶黜事件《いしかわのとねのいらつめへんちゅつじけん》に至るまで、権威ある名門氏族として強い影響力を持ち続けたのである。

天武の娘がなぜ天武の王家で復活できたのか

　ここまで述べてきたように、天武天皇は蘇我氏の強力な後押しを受けて壬申の乱を制し、強大な権力を握った。律令整備は道半ばだったが、その後継者に、蘇我氏は誰を望んでいたのだろう。

『日本書紀』は、大津皇子が文武両道に秀で、おおらかな性格は人々に愛されていたと記録する。大津皇子は謀反人で持統の政敵なのに、この記事は明らかに大津皇子を礼讃している。それだけ大きな人物だったにちがいない。

　これに対し草壁皇子の影は薄い。おそらく病弱だったのだろう。蘇我氏が求めていたのは、聡明で人望の篤い大津皇子だったのではあるまいか。そして、だからこそ、『万葉集』は、「石川女郎は大津皇子を選んだ」といい、「蘇我氏が推していたのは大津皇子」だったことを、後世に残そうとしたかったのだろう。

　つまり、『日本書紀』は「皇太子は草壁皇子だった」というが、実際には大津皇子の即位が期待されていたのに、鸕野讃良が「息子の即位」を熱烈に願い、大津皇子に濡れ衣を着せ、抹殺したのだろう。

草壁皇子が即位できずに病没してしまったのも、「大津皇子殺しの鸕野讃良が孤立していたから」と読み説くと矛盾がなくなる。

ただし、「それならばなぜ、草壁皇子亡き後、鸕野讃良が即位できたのか」という疑問に行き着く。

『日本書紀』は、「先帝の皇后だから、即位したのは当然」という素振りを見せ、史学者たちも、「天武天皇と鸕野讃良（以下「持統」で統一）はおしどり夫婦だから」と、深く考えていない。

たしかに、『日本書紀』は、天武と持統が、互いの体調を気遣い、寺を建てたと言い、仲睦まじい様を記録している。しかし、『万葉集《まんようしゅう》』は、持統の天武を慕う歌を残しながら、天武の持統を慕う歌を一首も取り上げていない。これは、『万葉集』編者の、『日本書紀』の記事を意識した「リーク」にほかなるまい。天武と持統が仲良しでなければ、持統即位の正当性は、証明できないからだ。

『扶桑略記《ふそうりゃっき》』には、持統天皇《じとうてんのう》が即位したあと、藤原不比等《ふじわらのふひと》の私邸を宮にしたという信じがたい記事が載る。真相を確かめるすべは無いが、この記事を無視することもできない。

大津皇子追い落としの黒幕が藤原不比等だったことは、通説も認めている。壬申の乱ののち零落していた藤原不比等を大抜擢したのは持統だが、持統天皇が「天智天皇の娘」だったところに大きな問題がある。

若き日の大海人皇子《おおあまのみこ》を、「天智天皇と中臣鎌足」のコンビは邪魔にしたし、『懐風藻』の中で大友皇子の即位を願った中臣鎌足は大海人皇子を悪人扱いし、その中臣鎌足の子が藤原不比等なのだから、持統朝は「天智と中臣鎌足政権」の再来で、天武の王家にとって、これは悪夢としかいいようがない。

静かなクーデター

本当に持統天皇は「なんの問題もなく即位していた」のだろうか。

すでに述べたように、『日本書紀』は本来男神だった天照大神《あまてらすおおみかみ》を女性にすり替えたが、持統天皇の諡号《しごう》も、『日本書紀』の編纂《へんさん》されたころ、「高天原広野姫天皇《たかまのはらひろのひめのすめらみこと》」と地上界を照らす太陽神のイメージになっていた。

『日本書紀』の言いたいことははっきりしている。神話がそうであったように、政権は持統天皇の時代に、「新王朝」となって再出発したのだ。だから『日本書紀』は、持統天皇を天照大神になぞらえ、国母《こくも》にしたのである。
『日本書紀』編纂時の権力者藤原不比等は、壬申の乱で没落し、天武天皇を恨んでいた。しかも天武天皇は親蘇我派なのだから、藤原不比等は、天武とその王家転覆だけを目標にしていたのだろう。

そして、持統天皇を観念上の始祖王《しそおう》にすることによって、天武の王家は、知らぬ間に天智系の持統天皇の王家にすり替えられていたわけである。
『日本書紀』の最後の一行は、「天皇、策《みはかりこと》を禁中《おほうち》に定《さだ》めて、皇太子《ひつぎのみこ》に禅天皇位《くにさ》りたまふ」で終わっている。孫の珂瑠皇子《かるのみこ》（文武天皇）に譲位したというのだ。

これも不気味な内容だが、要は、ヤマト建国以来続いてきた体制は、持統天皇の即位と、孫への譲位によって大きく入れ替わったと言っているのだ。そして、この話が天孫降臨神話とよく似ているとする説がある。

中国では正史は王朝交替とともに編纂されるが、『日本書紀』も、天武の王家を「目に見えないクーデター」によって潰したあと、書き始められたことが分かる。天武天皇の前半生と天武天皇を支えた尾張氏の大切な記事が抜け落ちているのは、こう考えると当然のことだったと思いいたる。

持統が頻繁に吉野に通った吉野

持統が夫を愛し夫の遺志を引き継いだといわれているが、これは大きな間違いだ。『万葉集』巻一―二八に、次の持統天皇の歌がある。

春過ぎて夏来《きた》るらし白栲《しろたへ》の 衣《ころも》乾《ほ》したり天《あま》の香具山《かぐやま》

春が過ぎて夏がやってきた。天香具山《あまのかぐやま》に白栲の衣が干してある……。『百人一首《ひゃくにんいっしゅ》』にも取りあげられた持統天皇の代表歌だ。一般の評価は高いが、即物的という点と、歌の真意が本当によく分からないところが謎めく。

ところがまず、天香具山は「ヤマトの物実《ものざね》（象徴）」と尊ばれた霊山だ。その神聖な山に、なぜ洗濯物が干してあるのだろう。これまで明確な答えを見たことがない。

ところが歴史作家・梅澤恵美子《うめざわえみこ》は、この歌を丹後半島《たんごはんとう》に伝わる天《あま》の羽衣伝承《はごろもでんしょう》と見破っている（『女帝』ポプラ社）。豊受大神《とようけのおおかみ》は沐浴中、天の羽衣奪われ、天に帰れなくなってしまったという話だ。

梅澤恵美子は、件《くだん》の歌の意味を次のように考えた。

沐浴中の豊受大神が呑気に沐浴して、羽衣を天香具山に干してある。羽衣を奪えば、豊受大神は身動きできなくなり、天下はこちらの物になる、今がチャンスなのだ、と持統天皇は歌っていたと推理したのである。

卓見である。

不思議なことに、六世紀から七世紀の「蘇我系の王家」は、「トヨ」と接点があった。推古天皇《すいこてんのう》の名は「豊御食炊屋姫《とよみけかしきやひめ》」、聖徳太子《しょうとくたいし》は「豊聡耳《とよとみみ》」、用明天皇《ようめいてんのう》は「橘豊日天《たちばなのとよひのすめら》皇《みこと》」、蘇我蝦夷《そがのえみし》（あるいは蘇我入鹿《そがのいるか》）は「豊浦大臣《とゆらのおおおみ》」で、推古天皇の宮は飛鳥の「豊《と》浦宮《ゆらのみや》」といった具合だ。

豊浦宮といえば、神功皇后《じんぐうこうごう》を思い浮かべるが、神功皇后は「トヨの海の女神」と結ばれ、蘇我氏の祖武内宿禰《たけのうちのすくね》とつながっていた。神功皇后と武内宿禰は、「トヨの王家」を造ったのだが、明日香の蘇我系の王家もこれとそっくりだ。

天武天皇の諡号が「天渟中原瀛真人天皇《あまぬなはらのおきのまひとのすめらみこと》」なのは、トヨの女神が「渟＝瓊《ぬ》＝ヒスイ」を授ける神だったことと無縁ではないだろう。天武天皇も、蘇我系でトヨの王家の末裔である。

だから、持統天皇は天の羽衣を盗もうとしていたのだ。持統天皇が天武の王家を乗っ取ったことは間違いない。

とは言っても、どうやって持統は即位できたのか、やはり大きな謎なのだ。

即位したあとの持統の人事と行動に、ヒントは隠されていると思う。

持統天皇は即位後、なぜか宮にジッとしていなかった。信じがたい頻度で、吉野に通ったのだ。それは、夫と過ごした思い出の地だったから、とする説があり、また陰陽五行で説明しようとする試みもある。おそらく、持統天皇は祭祀を行うために、吉野を訪ねたのだろう。神をしきりに（必要以上に）祀っていたと思われる。

なぜここで、持統天皇は神祭りに専念したのだろう。これで、政権を奪った意味があったのだろうか。

ヒントは人事に隠されていると思う。

持統四年（六九〇）春正月に即位した持統天皇は、秋七月、高市皇子《たけちのみこ》を太政大臣《だいじょうだいじん》に指名した。現代で言う総理大臣であり、皇親体制はまだ続いていたから、全権を高市皇子に委ねたのだろう。だからこそ、持統天皇は、呑気に吉野通いをくり返すことができた……。

しかし、ここに持統天皇の深慮遠謀が隠されていたのではなかったか。つまり、本来なら即位できるはずもなかった持統が、天武天皇の長男で壬申の乱で大活躍した高市皇子に、次のように提案し、交渉したのではなかったか。

「私は即位し、あなたを太政大臣に据える。神事は私が司り、律令整備は、あなたが全力でやりなさい。そして、律令制度が整ったののち、あなたが即位すれば良いではないか」

これなら、高市皇子も妥協しやすかっただろうし、持統天皇の度を超した吉野通いの意味も分かってくる。

もちろん、これは、ワナだったと思う。仕掛けたのは、藤原不比等であろう。

持統と高市皇子の密約？

持統十年（六九六）秋七月十日、『日本書紀』に奇妙な記事が載る。それは、「後皇子《のちのみこの》尊《みこと》薨《みう》せましぬ」で、高貴な人物が亡くなったことが分かる。「尊」の尊称を与えられているから、天皇や皇后、皇太子クラスの重鎮だ。草壁皇子が「日並知皇子尊《ひなみしのみこのみこと》」と呼ばれていたのがよい例だ。ところが、それが誰なのか、誰が亡くなったのか、肝心の名前が抜け落ちている。普通なら、こんなことはあり得ない。

そして、翌年二月二十八日に、皇太子の身の回りの世話をする役人が任命されたとある。これもおかしな話で、『日本書紀』には、まだ皇太子が決まったという記事もなく、唐突に、皇太子に関わる役人の人事記事が載ったのだ。

じつはこの二つの記事、高市皇子の死と珂瑠皇子の立太子にまつわる記事だったのである。

ならばなぜ、高市皇子の名を秘匿する必要があったのだろう。なぜ、立太子記事を秘匿したのだろう。

無視できないのは、『懐風藻《かいふうそう》』の、高市皇子が亡くなったあとに起きていた皇位継承問題の詳細な記録である。

それは、大友皇子《おおとものみこ》と十市皇女《とおちのひめみこ》の間に生まれた葛野王《かどのおう》を紹介する場面で、珂瑠皇子立太子の会議の様子が記されていたのだ。葛野王は天智天皇の孫、ということになる。記事は以下の通り。

皇太后《こうたいごう》（持統。ちなみに「皇太后」とは、「元皇后」のことで、厳密に言うと、『懐風藻』の編者は持統の即位を認めていないことになる）は、皇族や群臣を集め、皇位継承候補を誰にするか、議論させている。

群臣は好き勝手を言い合い、紛糾した。その頃合いを見はからったかのように、葛野王が立ちあがったのだ。

「わが国は神代から今日まで、子孫が行為を継承してきたのに、今もし、兄弟が相続すれば、乱はここから始まるだろう」

すると天武天皇の遺児・弓削皇子《ゆげのみこ》が反論しようとした。葛野王は遮《さえぎ》り、一喝《いっかつ》した。皇太后は、この葛野王の主張が国の行く末を定めたと大いに喜んだ……。

持統を「皇太后」と言いきる記述にも驚かされるが、珂瑠皇子立太子が紛糾したこと、高市皇子の死の直後に、この会議が開かれたことも無視できない。

やはり、高市皇子や群臣たちは草壁皇子の死後「律令が整い次第即位する」という約束（密約）を取りつけていたから、持統の即位を（いやいやながら）認めたのではなかったか。そして、高市皇子の急死を受けて、突然、皇位継承問題が勃発したのだろう。

憶測をたくましくするならば、高市皇子は、暗殺されたのではなかったか。そして誰もがその事実を「よもや」と思っていたからこそ、葛野王の脅迫的な態度に、「次は自分か」と恐れ、反論できなかったのではなかったか。

このような仮説を当てはめなければ、高市皇子の死亡記事に名が出てこなかったこと、珂瑠皇子の立太子記事が抜け落ちてしまった意味が理解できないのである。

藤原氏の大きな過ち

高市皇子の急死と珂瑠皇子立太子。この一連の謎めいた動きの中に、皇位継承問題をめぐる多くの示唆がある。

まず第一に、この段階でも、皇位継承問題は、「天皇の独断」で決められなかったことが分かる。もちろん、皇親体制だったこともあったから、なおさら多くの人々の賛同を得る必要があったのだろう。天皇に一時的に権力をあずけたのが皇親政治だが、誰に権力を握らせるのか、その判断は、律令制度を受け入れ側の豪族（貴族）や彼らに後押しされた多くの皇子たちの合議に委ねられたのだろう。

そして第二に、天孫降臨神話が、持統天皇から珂瑠皇子（文武天皇《もんむてんのう》）へ、そして、首皇子《おびとのみこ》（聖武天皇《しょうむてんのう》）につなぐ持統と藤原不比等の「悲願」を説話化したものであったことが分かる。

くどいようだが、皇親体制のまっただ中だったから、親族が玉座を手に入れるのは、それ以前の皇位継承よりも、重みを増していたのだ。

そして、ここから次の問題が起きてくる。

律令は大宝元年（七〇一）に完成する。これが「大宝律令《たいほうりつりょう》」で、天皇の権限は大幅に奪い去られていったのだ。しかし、藤原氏は「天皇の秘められた力」を悪用しようと企んでいた節がある。

ここに、藤原氏の野望が隠されている。天皇の歴史に大きな禍根を残す藤原氏の過ちがあったのだ。

きっかけは、長屋王《ながやおう》を藤原氏の暗闘に求められる。しばらく、長屋王の変とその後に起きためまぐるしい政局の流転に注目してみよう。

神亀《じんき》元年（七二四）二月六日、奇妙な勅《みことのり》が発せられた。聖武天皇が即位した二日後のことだ。

勅《みことのり》して正一位藤原《ふぢはらの》夫人《ふにん》を尊《たふと》びて大夫人《だいぶにん》と称《まう》す

聖武天皇の生母・藤原宮子《ふじわらのみやこ》に「大夫人」の尊称を与えるというのだ。一見してどこにも問題はない。けれども長屋王がこれに楯突いた。三月二十日に異議を申し立てたのだ。

長屋王は高市皇子の子で、持統や藤原氏の血を引いていない。この時代、権力者の地位を狙う藤原氏と敵対し、朝堂のトップに立つという、危険な地位にあった。

養老四年（七二〇）に右大臣・藤原不比等が亡くなると、翌年長屋王が右大臣に就任した。左大臣不在のため、朝堂のトップに立ったことになる（のちに左大臣にのぼる）。ただし、藤原不比等の四人の子（武智麻呂《むちまろ》、房前《ふささき》、宇合《うまかい》、麻呂《まろ》）が、じわじわと長屋王包囲網を構築していった。

藤原房前は元正天皇《げんしょうてんのう》から、次の詔《みことのり》を引き出すことに成功している。

家の中に病があれば、何ごとも平安にはならない。にわかに、悪いことが起きることもある。そこで、汝・房前は内臣《うちつおみ》となって内外に渡ってはかりごとをめぐらし、勅になぞらえて施行し、帝の仕事を助け、長く国家の安定を築くように藤原房前は一介の参議に過ぎなかったから、長屋王よりも、役職はずいぶん低い。それにもかかわらず、藤原房前の下す命令は、天皇の勅と同等の重みがある、といっている。

内臣は、いわゆる律令の規定にない。いわゆる「令外《りょうげ》の官《かん》（臨時職）」だった。つまり、規定通り出世してきて朝堂のトップに立った長屋王を嘲笑《あざわら》うかのように、藤原房前は「ツルの一声（勅）」によって、権力者の地位を手に入れてしまっていたのだ。

長屋王や長屋王を後押ししていた大伴旅人《おおとものたびと》らは、藤原氏のやり方にさぞや腹を立てていたことだろう。

皇太夫人事件は、そういう状況で起きたのだった。ならば、先の勅の何が問題だったのだろう。長屋王は、次のように続けた。

「『公式令《くうじきりょう》』の規定では、天皇の母の称号には皇太后《こうたいごう》、皇太妃《こうたいひ》、皇太夫人《こうたいぶじん》があって、上から順に、皇后、皇族出身の妃、豪族出身の夫人を指して呼んでいます。これに照らし合わせれば、藤原夫人（宮子）は皇太夫人と呼ぶべきで、勅に従えば皇の字が欠け、逆に法に従えば、大夫人《だいぶにん》と称する事自体が違法になります。われわれは、勅と法のどちらを守ればよいのでしょう」

この訴えは受け入れられている。結局、

「文書で記すときは皇太夫人とし、呼ぶときは大御祖《おおみおや》とするように」

と、訂正したのだった。

長屋王は、律令の規定では、「大夫人」とは呼ばないこと、「勅＝天皇の命令」と律令の規定（法）が矛盾しているのだから、どちらを基準にするべきか、はっきりと決めてほしい、といっている。これは正論だから、勅は撤回せざるを得なかったわけである。

些細な事件に見える。しかし、ここに重大な問題が隠されていたのである。

藤原氏の娘を皇后に仕立て上げるための布石

なぜ聖武天皇は無理のある勅を発したのだろう。もちろん、仕向けたのは藤原氏であろう。

聖武天皇の母・宮子は藤原不比等の娘だ。聖武天皇は藤原不比等の邸宅で光明子とともに育てられたようだ。その光明子は皇族ではないが、本来なら皇族以外はなれないはずの皇后に立てたいという野望が藤原氏に芽生え、その地ならしに、「どれだけ無理をごり押しできるか」を試したのではないか、とする考えが一般的だ。

ちなみに、藤原不比等は律令の中に、「将来、藤原から皇后を出す」ための仕掛けを用意していた節がある。というのも、「後宮職員令《こうきゅうしきいんりょう》」に、天皇のキサキの身分に関する規定があり、身分の低い方から順番に、「嬪《ひん》」は四人で、五位以上の女人、「夫人《ぶにん》」は三人で三位以上、「妃」は二人で資格は四品《しほん》以上とあり、なぜか「皇后」の規定がない。「妃」の資格「品」は親王や内親王に与えられる位階だから、その上に位置する「皇后」は、当然皇族ということになるが、はっきりと記されていないところが、「藤原不比等の深謀遠慮」としか思えないのだ。

また、藤原氏がなぜ皇后位に固執したかといえば、皇位継承問題が勃発したとき、「皇后の子」が俄然優位に立つからだ。平安時代のように、藤原氏や北家《ほっけ》（摂関家《せっかんけ》）が皇后位を独占する状態は、まだこのころ確立されていない。奈良時代の藤原氏は、「藤原出身の皇后」を生み出すことで、盤石な体制を築こうとしたのである。

また、『続日本紀《しょくにほんぎ》』を読むかぎり、文武天皇から生まれた男子は首皇子（聖武天皇）

だけだから、立太子《りったいし》もあとから見れば「ごく自然の成り行き」に思えてくるが、実際には、「ようやく手に入れた地位」だったのだ。

時間を少し巻き戻す。

神亀元年（七二四）二月四日、元正天皇は皇太子・首皇子（聖武天皇）に禅譲《ぜんじょう》した。この時、元正天皇は勅で次のように述べている。聖武天皇即位の裏側に隠された、複雑な要因が示されている。訳して要約しておく。

この統治すべき国は、汝（聖武）の父・文武天皇が汝に賜った天下《あめのした》の業《わざ》（神意に沿って統治すべき天下）である。ところが、汝が若すぎた故に、汝の祖母にあたる元明天皇に皇位を授けられた。けれども、霊亀元年（七一五）に、皇位を私に譲られたのだが、この時元明天皇は、「天智天皇が定められた不改常典《ふかいのじょうてん》に従い、いずれわが子（孫の聖武）に、皇位を授けよ」と述べられた。だから、いつか譲ろうと思っていたが、昨年の九月に白い亀という瑞兆《ずいちょう》が現れ、これこそ、皇位を嗣ごうとされる方の御世の名（年号）のしるしに、現れてきたものに違いない。そこで、神亀の年号を定め、皇位を汝に譲る……。

本来なら、文武天皇から直接、この首皇子に、皇位は継承されるべきであった。けれども首皇子は若かったので、元明《げんめい》と元正、二人の女帝が立って、間を埋めたと言っている。しかも、元明天皇も首皇子に皇位を譲るようにと命じていた。それを根拠に、首皇子の即位を実現したというのだ。

ここで訴えられているのは、文武天皇から聖武天皇に皇位を継承させるために、元明と元正二人の女帝が間に立ち、中継ぎの役を果たしたということで、その正当性の根拠は、天智天皇《てんぢてんのう》の定めた不改常典による、というのである。

不改常典は、「天地や日月と同じように長く遠く、改めてはならぬ常《つね》の典《のり》として定められた法」だというが、現実に天智天皇が作ったかどうかは、はっきりと分かっていない。そもそも、天智の王家は大友皇子《おおとものみこ》の代で一度潰れていて、天武の王家に移っていた。首皇子も「天武の末裔《まつえい》」なのだから、ここで「天智天皇の不改常典」を持ち出すことからして、不自然なことだ。

仕組まれた石川刀子娘貶黜事件

すでに述べたように、持統天皇と藤原不比等は、天武天皇崩御ののち、観念上の持統を始祖とする王家をうち立てたが、ここにいたり、「持統の王家は、天智系」と開き直っていることが分かる。元明天皇は天智天皇の娘で元正天皇の母である。

この元正天皇の詔があるから、われわれは、この間の皇位継承を、当然のことと思ってしまうのだ。しかし実際には、綱渡りをするようだったし、藤原氏は最有力候補を、ワナにはめて抹殺してしまっている。それが、和銅六年（七一三）十一月五日に起きた石川刀子娘《いしかわのとねのいらつめ》貶黜事件《へんちゅつじけん》だ。貶黜とは、官位を下げて斥《しりぞ》けることだ。この時、「石川と紀《き》のふたりの嬪《ひん》の号を名乗れなくなった」と『続日本紀』に記録されている。

文武天皇には三人のキサキがいて、その中のひとりが宮子で藤原不比等の娘、そしてもうひとりは石川刀子娘だった。またもうひとり、紀氏出身の紀竈門娘《きのかまどのいらつめ》がいた。宮子以外の後者二人が、排斥されたわけである。

「石川」が蘇我であることはすでに触れてある。

「蘇我は悪」「蘇我氏は壬申の乱で没落した」と、一般には信じられていて、また、藤原氏は英雄視されているから、藤原宮子と石川刀子娘を比べれば、宮子のほうが格上に見えてしまう。しかし、蘇我（石川）氏の力は、完全に潰えたわけではなかった。天武天皇に嫁いだキサキの中で、優遇されたのは、蘇我の血を引く女人たちだった。

蘇我氏はまだ余力を残していたし、「藤原氏は成り上がり者」だから、家柄の差も歴然としていた。しかも、少し触れたように、中臣鎌足《なかとみのかまたり》は百済系の渡来人と思われる。蘇我氏と藤原氏の日本における家格は、比べものにならなかったはずだ。

じつは、石川刀子娘貶黜事件が、蘇我氏にとどめを刺したと言っても過言ではなかったのだ。外戚の地位を完ぺきに追われてしまったからだ。

石川刀子娘には、文武天皇との間に二人の男子がいたらしい。しかも、存在自体を、『続日本紀』は無視してしまったのだ。母親がキサキの地位を追われて、臣籍降下《しんせきこうか》したと考えられている。

『新撰姓氏録《しんせんしょうじろく》』に、臣籍降下した「高円朝臣《たかまどのあそみ》」の一族が記録され、「高円朝臣広世から出る」とあり、元々は、母親の姓「石川」を名乗っていたとある。これが、石川刀子娘の息子と考えられている。もし、石川刀子娘を追い落とさなければ、彼らが最有力の皇位継承候補だっただろう。

石川刀子娘貶黜事件から七ヶ月後に、首皇子は皇太子に立った。蘇我氏を蹴落として、

「藤原の子＝首皇子」は、ようやく即位への道を歩み始めたわけで、けっして自然に、流れるように皇位に就いたわけではなかったのである。

天皇の命令と律令とどちらを優先するのか

藤原不比等が傍観していれば、石川刀子娘の生んだ男子が、皇太子になっていたのかもしれない。しかし、言いがかりをつけて、「キサキの地位から引きずり下ろし、子供たちも皇籍からはずしてしまった」のだ。こうして立太子したのが首皇子だから、周囲の人々は、藤原不比等のやり方に辟易《へきえき》していたのではなかろうか。そして、藤原の血を引かない長屋王が、大伴《おおともの》旅人《たびと》ら不満分子たちの旗印になっていったわけである。

長屋王と藤原氏は、こうして敵対していくのだが、一般的には、この争いは、皇親体制の存続を願う長屋王たちと律令に則った政治運営を目指した貴族層（藤原氏）の対立と、単純図式化されてしまっている。だがこれは、大きな間違いだ。

長屋王こそ、「そろそろ皇親体制を終わらせよう」と言っている。都合の良いように天皇の命令と律令を使い分ける藤原氏の手口に、長屋王はストップをかけようとしていた。それが、「皇太夫人事件」の真相なのである。

長屋王は、せっかく朝堂のトップに立ったのに、藤原房前が内臣《うちつおみ》になって、押さえつけられてしまった。これは禁じ手で、「律令の規定に矛盾していても、天皇の命令は律令を凌駕する」ことを意味していた。この前例があったからこそ、長屋王は一見してどうでも良いと思われる案件に、横槍を入れたのだろう。

長屋王が言いたかったのは、天皇の命令と律令の規定のどちらを優先すべきかを今はっきりと決めなければ、未来に禍根を残すということだ。つまり、律令制度が整うまでは、王家に権力を渡すが、それ以降は、律令（法）に則り、太政官に実権を渡すという天武天皇と豪族層が交わしたであろう約束を、そろそろはっきりとした形で実践すべきだと、長屋王は言っていたのである。

それにしても、「律令を尊重し、権力を太政官に委ねよう」と皇族である長屋王が主張していたのに、なぜ藤原氏はこれをいやがったのだろう。

答えはいたって簡単なことだ。藤原氏は「グレーゾーンを残して悪用したかった」のだ。少し、説明しておこう。

藤原氏は天皇の外戚になることをめざした。よく言われている「結局藤原氏は、蘇我氏と同じことをしようとしたのだ」という説明では、まだ浅い。ヤマト建国時から続く、

「王を支配する女系」の力を、藤原氏はよく学び取り、熟知していたのだろう。

一度壬申の乱で没落した藤原氏が復活するための秘策は、ふたつあった。ひとつは、「律令を整備すること」、もうひとつは、「天皇の外戚《がいせき》になること」だった。

中大兄皇子と中臣鎌足が邪魔立てした改革事業なのに、なぜ藤原不比等は持統天皇に取り立てられたあと、律令整備に専念したのかと言えば、すでに述べたように、改革事業によって、土地と民を私有していた豪族たちが、一度丸裸になるからだ。その点、藤原不比等も、最初から没落していたのだから、同じスタートラインに立つことができるということになる。そして、皇親体制下の天皇の下す人事によって立身出世すれば、物部（石上）氏や蘇我（石川）氏と対等に渡り合うことが可能となる。その上で、外戚になれば、一気に権力者に登りつめられると信じたのだろう。

その過程で、長屋王が邪魔になった。長屋王が正論を唱えはじめたのだ。だから藤原氏は言いがかりをつけて、一家丸ごと抹殺してしまったわけである。

この事件が、のちのち重要な意味を持ってくるので、あらましだけは記しておく。

長屋王の一家は冤罪で滅亡した

天平元年（七二九）二月十日、謀反の密告がもたらされた。「左大臣の長屋王は、密かに左道《さどう》を学び、国家を倒そうと企てております」という。告げてきたのは従七位下と無位と、じつに胡散臭い人たちだ。けれども藤原宇合らは、六衛府《ろくえふ》の兵を率いて、長屋王の邸宅を囲んだ。

翌日、藤原武智麻呂が長屋王のもとに遣わされ、罪を尋問させた。十二日、長屋王に対し、「自《みずか》ら尽《し》なしむ」、つまり自尽、自殺させたのだ。家族もみな、首をくった。一家全滅である。

ただし、藤原系の子供たち（安宿王《あすかべおう》、黄文王《きぶみおう》、山背王《やましろおう》、教勝《きょうしょう》）と母親（藤原長娥子《ふじわらのながこ》）だけは、許された。

密告の中にあった「左道」とは、漠然とした、「何か悪いこと」ぐらいの意味だ。証拠らしい証拠もないまま、一国の宰相・長屋王が断罪されてしまった。長屋王の処刑を裁可した聖武天皇は、なぜ「いい加減な密告」を信じてしまったのだろう。これには、伏線があった。

神亀四年（七二七）に聖武天皇と光明子《こうみょうし》の間に生まれた基皇子《もといのみこ》が、生後一年たたずに亡くなってしまったから、「長屋王の呪いですぞ」と、藤原四子《ふじわらしし》の誰かが（房前あたりだろう）が吹き込めば、聖武天皇は信じ込んでしまったにちがいない。

十五日、聖武天皇は次のように勅した。

「長屋王はむごくねじ曲がり、暗く悪い人間であったが、その性格がそのまま現れ、悪行の限りをつくして、目の粗い網に引っかかった（重大な罪を犯した）。だから、奸党《かんとう》（与する輩）を刈り取り平らげ、賊悪を除き、滅ぼさなければならない。国司《こくし》らは、一味を取り逃してはならない」

無残な話だ。長屋王が冤罪《えんざい》だったことは、のちに発覚している。天平十年（七三八）七月、密告した本人が、「あれはウソだった」とつい告白してしまい、長屋王に親しかった人物（大伴子虫《おおとものこむし》）に恨まれ、その場で斬り殺されている。

長屋王の変は禍根を残した

長屋王の謀反事件は、のちの時代に多大な影響を及ぼした。この事件が思わぬ展開を見せ、聖武天皇を「藤原の子」から、「天武の子」に豹変させてしまうのだ。問題は、事件の終結後に起きている。その様子を追ってみよう。

まず、長屋王を抹殺した藤原四子は、独裁政権の樹立にばく進する。

長屋王を支えていた大伴旅人《おおとものたびと》も、もはや敵ではなかった。長屋王存命中、すでに大《だ》宰帥《ざいのそち》にして九州の大宰府《だざいふ》に追い払っていたし、大伴旅人は大宰府の地で、孤立する長屋王に、なにも力を貸せず自暴自棄となり、酒浸りの生活を送っていた。

『万葉集《まんようしゅう》』に、大伴旅人の堕落した様子が残っていて、たとえば、巻三―三四一と、三四三の歌が、じつに情けない。

賢《さか》しみと物いふよりは酒飲みて酔泣《ゑひなき》するしまさりたるらし
（偉そうなことを言うよりも、酒を飲んで泣いていた方がましだ）

なかなかに人とあらずは酒壺に成りにてしかも酒に染みなむ
（中途半端に人間でいるより、いっそのこと、酒壺になってしまいたい。酒に溺れたい）

現代風に言えば外交大臣に就任した人物が、こんな事でよいのだろうか。大宰府就任直後に、最愛の妻を失っていたことも、つらかったようだ。

巻三―三四四の歌も、興味深い。

あな醜《みにくさか》賢しらをすと酒飲まぬ人をよく見れば猿にかも似る
（賢人ぶって酒を飲まぬ人をよく見れば、猿に似ている）

これは、都の藤原武智麻呂をからかっているとする説がある（五味智英『万葉集大成第十巻　作家研究篇下』平凡社）。都の藤原四子を揶揄《やゆ》しているのかもしれない。あるいは、内臣となって実権を握っていた藤原房前の方がふさわしい気もする。

ところで大伴旅人は、長屋王一家が滅亡したあと藤原房前に命乞いをして許され、都に呼びもどされていた。屈辱的であり、大伴旅人のみならず、大伴の一族は、深く藤原氏を恨んでいく。

こうして、ヤマト建国当時から続く名門豪族は、最後に残った反藤原派として、藤原氏と戦い、敗れていくこととなる。

ところが、藤原四子の独裁体制は、長続きしなかった。政権を揺るがす不穏な空気は、意外な形で現れた。長屋王の祟りである。

藤原四子を滅亡に追い込んだ長屋王の祟り

『続日本紀』天平二年（七三〇）六月二十九日条に、次の記事がある。長屋王の変の翌年のことだ。

雷が鳴り、雨が降った。神祇官の屋根に雷が落ち、火の手が上がった。人や動物の中に、落雷で亡くなる者が出た。

古来、雷神は祟る恐ろしい神と信じられていた。正史に落雷記事が載ったのは、「後から考えれば、恐ろしいことが起きる前兆」だったからだろう。

またこの年、日照りで不作となり、各地で盗賊が出没した。このあと、飢餓状態は続き、天平六年（七三四）に大地震があって、天平七年（七三五）から、ついに疫病が蔓延し始めたのだ。

聖武天皇は、これらの天変地異に、「責任は私にある」と語り続け、懺悔《ざんげ》している。天平九年（七三七）、天然痘《てんねんとう》が都で流行する。藤原四子は罹病《りびょう》し、あっという間に全滅してしまった。誰もが、「長屋王の祟り」を連想しただろう。

仏教説話集『日本霊異記《にほんりょういき》』には、長屋王滅亡事件と長屋王の祟りが明確に示されている。


長屋王謀反の報に接した聖武天皇は、すぐさま兵を差し向け、かたや長屋王は、「捕らわれて殺されるぐらいなら」

と、子供達に毒を飲ませ首を絞めて殺し、自らも毒をあおって亡くなった。

聖武天皇は勅し、長屋王たちの死骸を平城京の外に運ばせ、焼き、砕き、川に撒き、海に捨てた。ただ、長屋王の骨だけは、土佐国（高知県）に追いやった。ところが、土佐で百姓がバタバタと亡くなってしまった。そこで百姓は、「長屋王の気（祟り）で、国の民が死に絶えてしまいます」と、役所に訴え出た。そこで聖武天皇は、長屋王の骨を紀伊国（和歌山県）の小島に移した……。

正史『続日本紀』は、長屋王が祟ったという話をまったく載せていない。しかし、長屋王を邪魔にした藤原四子がわが世の春を謳歌《おうか》した途端全滅してしまったのだ。長屋王一家の悲劇的な最期を思えば、誰もが理由をそこに求めただろう。

もっとも、はっきりと長屋王を祀った寺社仏閣がないのも事実だ。その代わり残された藤原の縁者たちは、ここからなぜか法隆寺を丁重に祀りはじめている。たとえば光明子は東院伽藍《とういんがらん》（夢殿《ゆめどの》）を建立している。法隆寺《ほうりゅうじ》に大量の食封《じきふ》を寄贈もした。

おそらく法隆寺は、藤原氏の手で罪なくして殺められてきた人々をまとめて鎮魂していたのだろう。要は、蘇我系の豪族、皇族の祟りを鎮めるための寺が法隆寺だろう。

聖武天皇は暗愚ではない

藤原四子の滅亡と長屋王の祟りは、古代史の節目になったと言っても過言ではない。ここから聖武天皇が「藤原の子」から「天武の子」に豹変してしまうからだ。

天平十二年（七四〇）十月、聖武天皇は何を思ったか、「思うところがあって、しばらく関東に行幸する」と言い残し、なぞの関東行幸（この時代の「関東」は、不破関《ふわのせき》［関ヶ原］の東を指している）を始める。

ちょうどこの時、藤原広嗣《ふじわらのひろつぐ》が、九州で反乱を起こしていたのだ（行幸に出たとき、実際には現地ではけりはついていたのだが、その情報は都にもたらされていない）。だから、「時期が悪いのは分かっている」といい、「九州の将軍たちは、驚かないでほしい」といっている。

ちなみに藤原広嗣は、玄昉《げんぼう》や吉備真備《きびのまきび》ら、急速に出世してきた反藤原派を排斥《はいせき》しろと聖武天皇に要求し、聞き入れられないと知ると、反旗を翻したのだった。都にも「その他の藤原氏」が残っていたから、聖武天皇は、「都にいては危ない」と思ったのだろう。

平城京をあとにした聖武天皇は、伊賀・美濃・不破（関ヶ原）・近江を経由して、山背国の恭仁京《くにきょう》に留まった。興味深いのは、このコースが大海人皇子（天武天皇）の壬申の乱の行軍をほぼなぞっていることだ。これは、けっして偶然ではない。「藤原の子」の聖武天皇が、なぜ藤原広嗣の乱を鎮圧し、大海人皇子の真似ごとをしたのだろう。

「ノイローゼになっていたのではないか」

という酷評もある。線の細いイメージの聖武天皇だから、藤原四子が滅亡し、支えを失って動揺し、橘《たちばなの》諸兄《もろえ》ら新たな為政者のいいなりになったのではないかと考えられている。

しかし、聖武天皇の強い意志を、みな侮っている。

まず、なぜ恭仁京を新たに造ったのだろう。通説は、右大臣・橘諸兄の勢力圏があったからという。もちろんそれも大切だが、地政学的にみて、恭仁京は「理に適っている」のである。

まず、平城京の意味から考え直さなければならない。天武天皇は新益京《あらましのみやこ》（藤原宮《ふじわらのみや》。奈良県橿原市《かしはら》）の造営を計画し、天武の崩御ののち完成していた。律令制度のために造られた前代未聞の永久都城だった。しかし藤原不比等は、実権を握ると、ここを捨てにかかる。そして、平城京遷都（七一〇）に際し、左大臣・石上《いそのかみの》（物部）麻呂《まろ》を、「旧都の留守役」にして、捨て去ってしまったのだ。これが、物部氏の決定的な没落の瞬間であった。

なぜ藤原不比等は、せっかく完成した新益京を棄ててしまったのかといえば、藤原氏を嫌う旧豪族の勢力圏から抜け出すためであろう。

さらに、平城京には、藤原氏が栄えるカラクリが用意されていた。それは、外京《げきょう》のことだ。

普通都城《とじょう》は、左右（東西）対称に造営される。しかし平城京に限って、東北の隅に四角い出っ張りがあるのだ。現在のＪＲ奈良駅から近鉄奈良駅一帯の奈良市の中心部が、すっぽり入る場所だ。

外京の東の奥は高台になっていて、ここを藤原氏が占拠した。現在、興福寺や春日大社のある一帯だ。天皇のおわします宮を見下ろすことができる。平城京の人々は、藤原氏の拠点を、仰ぎみることになる。天皇は日の出を拝むとき、藤原氏の寺社に頭を下げる。この世の本当の権力者が藤原氏であることを知らしめるためのカラクリが、外京だった。

しかも、都で争乱が起きれば、藤原氏はいち早く外京の高台に移り、敵を迎え撃っただろう。平城京は、藤原氏が繁栄を勝ち取るために造った都である。

そこで、恭仁京の「価値」がみえてくる。北側の背後に山並みが迫り、南側を木津川が流れる。平城京の藤原氏と戦争になれば、恭仁京は、十分対抗できる。木津川を使えば、物資の流通も、平城京よりも便利だ。巨椋池《おぐらいけ》からそのまま難波《なにわ》に下ることができる。近江から瀬田川（宇治川）を利用して、物資を運べる。じつを言うと、聖武天皇は紫香楽宮《しがらきのみや》（滋賀県甲賀市）にも拠点を造るが、周辺から木材を切り出し、いったん琵琶湖に流せば、そのまま巨椋池、木津川を経由して、恭仁京にもつながっていたのだ。地理の意外な盲点である。聖武天皇は、けっして暗愚ではないし、まわりに振り回されたわけでもない。自分の意志で、「反藤原」「天武の子」に豹変したのである。

すでに述べたように、元正天皇は首皇子即位の大義名分を天智天皇の不改常典《ふかいのじょうてん》に求めていたが、藤原四子滅亡後、聖武天皇と娘の阿倍内親王《あべないしんのう》（孝謙《こうけん》・称徳天皇《しょうとくてんのう》）は「天武の王家」であることを強調している。

天平十五年（七四三）五月五日、恭仁京内裏《だいり》で阿倍内親王は、五節田舞《ごせちのたまい》を演じている。この舞は、「聖《ひじり》の天皇命《すめらみこと》（天武天皇）」が君臣の秩序を整えるには、礼《らい》（天地の秩序）と楽《がく》（天地の和）をふたつ並べて長く平和を保つことが必要とされ、創作されたものというのだ。この舞を、皇太子の阿倍内親王に学ばせ、元正太上天皇の前で舞ったのである。

やはり、聖武天皇は明らかに「藤原の子」「天智系の王家」から、「天武の子」であることに目覚めていたのである。

母と皇后が藤原不比等の娘だった聖武天皇が、なぜ「反藤原」の天皇に様変わりしてしまったのだろう。宮子も光明子も、側にいたのに、彼女たちを裏切ったのだろうか。

聖武天皇を反藤原派に替えたのは光明子

謎解きの鍵を握っていたのは、光明子である。この女人こそ、聖武天皇を「反藤原」に着せ替えた張本人だったからだ。

王羲之《おうぎし》の書を手本にした臨書《りんしょ》「楽毅論《がっきろん》」に残る光明子の署名「藤三娘《とうのさんじょう》（藤原不比等の三女）」の字体は男勝りで、「鉄の女」というイメージが焼き付いてしまっている。また、藤原不比等の娘として、聖武天皇を藤原のロボットとして操縦し続けたと信じられている。しかし、これは誤解だ。

筆者は、光明子が聖武天皇を「反藤原派に、引き寄せた」と見ているが、このような発想は、史学界にはなかった。それはなぜかと言えば、『続日本紀』にも、「光明子は藤原の女」と、記録され続けたからである。
たとえば、天平宝字四年（七六〇）の光明皇太后の崩伝は、次のような内容だ。

光明子太后の姓は藤原で、中臣鎌足の孫、藤原不比等の娘だ。母は県犬養三千代《あがたいぬかいのみちよ》。皇太后は幼いころから聡明の誉れ高く、聖武の皇太子時代、妃となった。時に年は十六（ちなみに、二人は同い年であった）。多くの人々に接し、喜びを尽くし、あつく仏道に帰依《きえ》し励んだ。聖武天皇即位と共に大夫人となり、孝謙天皇と基皇太子《もといのみこ》を産んだが、皇太子は数え二歳で夭逝《ようせい》。のちに皇后となった。太后の人となりは、慈しみ深く、よく恵み、人々を救うことを志した。東大寺と国分寺を創建したのは、そもそも太后が聖武天皇に勧めたものであった。また、悲田《ひでん》・施薬《せやく》の両院を設立し、飢えた人、病んだ人を救った。娘の孝謙天皇が即位すると、皇后宮職《こうごうぐうしき》を紫微中台《しびちゅうだい》と改め、勲賢《くんけん》（実力者）を選び出し、官人として列した。春秋（享年）六十。

ちなみに、聖武天皇の崩伝よりも、光明皇太后の方が長く、「聖武天皇の業績も本当は光明子の手柄だ」と書かれていて、『続日本紀』も『日本書紀』同様、「天皇よりも藤原を重視した歴史書」だったことは明らかだ。光明子にまつわる記事も、「藤原のために働いた女性」を礼讃しているとしか思えない。これを読めば、光明子が藤原氏を裏切ったとは、とても信じられない。

聖武天皇崩御ののち、光明皇太后は、急速に成長した藤原仲麻呂《ふじわらのなかまろ》（のちの恵美押勝《えみのおしかつ》。藤原武智麻呂《ふじわらのむちまろ》の子）と手を組み、「藤原政権の再構築」に荷担している。娘の孝謙天皇と太政官《だいじょうかん》という律令規定通りの政権に対し、皇后宮職（皇后の身の回りの世話をする役所）を「紫微中台」に改め、太政官の何人かを兼任させることによって、「もうひとつの政府」を造ってしまっている。

ここでも、光明子は、藤原のために働いていた。だから誰も、光明子の本心に気付かなかったのだと思う。まさか光明子が、身内を守るために、「藤原の仮面」をかぶっていたことなど、誰にも想像がつかなかったのである。

自分の娘を軟禁してしまった藤原不比等

ここまでの話、皇位継承と何の関係があるのかと思われるかもしれない。しかし、聖武天皇と光明子の娘・阿倍内親王（孝謙・称徳天皇）は、のちに、目を疑いたくなるような暴言を吐いている。

「王を奴《やっこ》（もっとも身分の低い人たち）にしようとも、奴を王と呼ぼうとも、私の勝手にしていい」

こう言って、結局この女帝は、どこの馬の骨ともしれない怪僧・道鏡《どうきょう》を天皇に引き立てようとしたのだ。長い王家の歴史のなかでも、最大の危機と言ってもよかったかもしれない。

なぜ、聖武天皇の娘は暴走したのだろう。その理由を探っていくと、やはり「光明子の影響」に行き着くのだ。古代史は、「女系を無視しては本質を見誤る」のだが、この母子は、その典型例ではなかろうか。どういうことか、説明していこう。

藤原四子が滅亡した天平九年（七三七）の十二月二十七日、『続日本紀』に、不可解な記事が残される。

この日、聖武天皇の母・宮子は、皇后宮（光明子の邸宅。元々は藤原不比等の邸宅）

で僧正《そうじょう》・玄昉《げんぼう》と会った。天皇もまた、皇后宮に赴いた。宮子は聖武が生まれてから幽《ゆう》憂《ゆう》に沈み久しく普通の言動ができなかった（精神を患っていた）ので、親子は会っていなかった。ところが、玄昉が看病してみると、宮子は慧然《けいぜん》として開悟《かいご》した。そこで、たまたま訪れていた聖武天皇と面会した。

僧・玄昉が一回看病しただけで、精神の病が快癒することなどあり得るだろうか。最初から宮子は正常だったのに、藤原不比等が宮子と首皇子（聖武天皇）を引き離し、軟禁したのが、本当のところではあるまいか。

「なんのために？」

それは、首皇子を純粋培養するためだろう。

くどいようだが、古代は女系社会で、夫は妻の家に通い、子は原則として妻の家で育っているから、子供たちは妻の実家の強い影響下にあったわけで、宮子は藤原不比等の娘だが、藤原不比等の薫陶《くんとう》を受けたわけではなかった。宮子の母は賀茂氏《かもし》の出身で、神話の時代から続く古い豪族であった。けっして藤原氏の味方というわけではなかった。

古い歴史のある家には、ヤマト建国から八世紀にいたる数々の伝承が残っていて、藤原氏の記した『日本書紀』とは、話が食い違っていたにちがいない。さらに、藤原不比等が実権を握るまでに、どれだけ罪なき貴人の血を吸ってきたか、名門豪族たちは間近で見てきて、藤原氏を恨んでいたにちがいない。もし宮子が、真実の歴史を首皇子に吹き込もうものなら、せっかく生まれた「藤原の子」のコントロールが効かなくなる。

藤原不比等は、躊躇することなく、宮子を「開かずの間」に閉じ込めたのではなかったか。

そして、藤原四子が全滅して藤原の力が削がれ、それから間もなく宮子は玄昉に看病してもらい「慧然と開晤」し、偶然、館を訪ねていた聖武天皇が母・宮子と再会したという話、あまりにもできすぎている。しかも、藤原不比等の邸宅を相続したのが光明子で、夫を招き入れて母子を引き合わせたのだとすれば、ここに、大きな謎が生まれる。それは、「光明子が姉の宮子の悲劇を知っていて、率先して夫の聖武天皇を引き合わせたのではないか」ということである。

もし光明子が、これまで信じられてきたような藤原不比等の娘ならば、これは危険な賭けだった。まさに聖武天皇が、母の悲惨な生涯を知って、「藤原を憎む」可能性は高かったし、事実、そうなったからだ。

光明子はいったい、何を考えていたのだろう。

光明子は藤原不比等の娘だから藤原のために生きたと考えるのは、あまりにも安直な考えだ。光明子はたしかに藤原不比等の娘だが、母親も存在したことを忘れてもらっては困る。

県犬養三千代は悪女か？

謎めく光明子の正体を明かすには、母親の県犬養（橘《たちばな》）三千代（橘諸兄の母）の生涯を知る必要がある。光明子は藤原不比等の娘だが、むしろ県犬養三千代を慕っていたと思える節があるからだ。

県犬養三千代といっても、これまでほとんど注目されてこなかった。日本の歴史を知るには、女性を見つめ直す必要があるが、県犬養三千代も、その代表的なひとりと言っていい。

県犬養氏の祖は神魂命《かみむすびのみこと》（神皇産霊尊《かみむすびのみこと》）だが、この神の正体は定かではない。女神かもしれず、出雲とのつながりがある。

県犬養氏は皇室や屯倉《みやけ》（王家の直轄領）を守る番犬を養育する犬養部《いぬかいべ》を管理していた

ことと関わりがある。

県犬養氏は壬申の乱で活躍していた。県犬養連大伴《あがたいぬかいのむらじおおとも》が大海人皇子とともに東国に落ち延びていて、数少ない「危機的状況でも離れなかった舎人《とねり》（下級役人）」でもあった。

「苦労を共にした仲間」を、天武天皇は大事にしたようだ。県犬養連大伴が病の床に伏せると、天皇みずから見舞いに訪れている。よほど信頼され、可愛がられていたのだろ。また、天武天皇の殯で「宮内の事《みやのうちのこと》」について誄《しのびごと》をしているから、天皇の身の回りの世話をしていたことが分かる。

県犬養三千代はこの人物の親族だったと思われ、だから、頼りにされ「氏女《うじめ》」として後宮《こうきゅう》に仕えたと思われる。

ところでこののち県犬養三千代は藤原不比等に嫁いで光明子が生まれたのだが、最初この女性は、美努王《みぬのおおきみ》（三野王《みののおおきみ》）と結ばれ、葛城王《かずらきのおおきみ》（のちの橘諸兄）、佐為王《さいのおおきみ》、牟漏女王《むろのおおきみ》を生んでいた。

美努王も壬申の乱で大海人皇子勝利に貢献した人物だから、この夫婦は、天武政権で活躍できたのである。

県犬養三千代は草壁皇子のキサキ・阿閇皇女《あへのひめみこ》（のちの元明天皇）に仕えていたようだ。阿閇皇女は氷高皇女《ひだかのひめみこ》（のちの元正天皇）と珂瑠皇子《かるのみこ》（文武天皇）と吉備内親王《きびないしんのう》（長屋王のキサキ）を産んでいる。県犬養三千代は後宮で彼らの養育に関わっていて、親しく接していたはずだ。すなわち、結果として、「国家の頂点の人脈につながっていた」わけで、その存在の大きさに気付かされるのである。

県犬養三千代の悲劇は、持統朝末期から文武朝初頭にやってきた。美努王が筑紫大宰《つくしのだざいのそち》帥に任ぜられて単身赴任している間に、県犬養三千代は藤原不比等に寝取られてしまうのである。

これは不思議なことだが、女性の史学者や女性作家の間で、県犬養三千代の評判は、すこぶる悪い。

「とんでもない悪女」「やり手」「男を天秤《てんびん》にかけた」「男の値踏みをした」「仕事のできる藤原不比等を選んだ」「かくされた奸悪《かんあく》」「腹黒い」「野心家」などなど、さんざんにけなされている。

県犬養三千代は藤原不比等に嫁いでから、後宮を牛耳り、女帝たちと深くつながり、首皇子立太子の立役者になったと考えられている。

『続日本紀』に記された県犬養三千代の生涯は、以下の通り。

県犬養三千代は養老元年（七一七）正月、従四位上から従三位に昇進し、同五年正月、正三位に叙せられた。養老五年（七二一）に元明天皇の病気平癒《へいゆ》を願い入道（三位以上の人間が仏道に入ること）し、天平五年（七三三）一月に薨去《こうきょ》した。この時命婦《みょうぶ》の地位（五位以上の高級女官）にあった。このあと、従一位を追贈された。天平八年（七三六）十一月、子の葛城王と佐為王が上表し、母親は忠をつくし、和銅元年（七〇八）十一月に橘宿禰《たちばなのすくね》の姓を賜《たまわ》ったこと、そこで、「われわれにも橘の姓を賜りたい」と願い、許された……。

くどいようだが、県犬養三千代はこの時代の王家を陰から支え続けた女人であった。異例の出世は、権力者・藤原不比等に嫁いだことも大きな原因だろうが、やはり、「仕事のできる女性」だったことは間違いあるまい。

県犬養三千代のもうひとつの顔

県犬養三千代は藤原不比等の思惑通り後宮を支配し、首皇子の立太子《りったいし》、即位を支え続けた女性と考えられている。もちろん、光明子と同じように、藤原氏の繁栄の基礎を築いた偉人ということになる。

しかし、県犬養三千代には、もうひとつ別の顔があったように思えてならない。

法隆寺宝蔵館に展示されている橘《たちばな》夫人《ふじん》厨子《ずし》は、県犬養三千代（橘夫人）の念持仏《ねんじぶつ》とされている。その、細やかで、たおやかで、女性的な美しさをみるにつけ、はたして県犬養三千代が、みなに酷評されるような権力の亡者だったろうかと、ふと疑念を抱かせるのである。

本人が仏像や厨子《ずし》を造ったわけではないのだから、念持仏を見ただけで県犬養三千代の本質が分かるのかと、おしかりを受けそうだ。

しかし、これは不思議なことだが、所持し、縁のある物は、その持ち主の魂を映すことがよくある。趣味と美意識が、如実に現れるのだ。だから橘夫人厨子に、「優しい心根の県犬養三千代」を観る思いがする。

もちろんこれは、個人的な感想に過ぎないが、しかし、この時代の王家の「悲しい歴史」をつぶさに見てきた県犬養三千代の落涙する姿が、目に見えるようだ。
たとえば、県犬養三千代と親しかった元明天皇も、犠牲者のひとりだ。
文武天皇は最晩年、疲れ果てて母親・元明（阿閇皇女。草壁皇子のキサキでもある）に、「もう、皇位をおりたい」と、申し出ている。しかし、阿閇皇女は「気弱なことをいうものではありません」と、これを許さず、その後文武天皇は崩御《ほうぎょ》。元明天皇は、これを受けて即位した。

元明は、異母姉・持統のように、「皇位にしがみつきたい」「権力を握りたい」と、躍起になっていたわけではなく、藤原不比等の野望に、やむなくつきあっている女性であったように思う。そう考える理由はふたつある。

ひとつは、『万葉集』に残されている。巻一―七六と七七の歌だ。まずは、元明天皇の歌。

ますらをの鞆《とも》の音すなりもののふの大臣《おほおへきみ》楯立《たて》つらしも

文学者や史学者は、「ますらを」を勇士、「もののふの大臣」を将軍と解釈している。

そこで、「遠くで軍事調練をしているよ」と訳す。将軍が楯を立てているらしい、という。そして、次の歌は、姉の御名部皇女《みなべのひめみこ》が妹を慰めるようにいう。

わご大君物な思《おも》ほし皇神《すめかみ》のつぎて賜へるわれ無《な》けなくに

大王（姉）よ、心配なさいますなというのだ。元明天皇は、先の歌の中で、何におびえていたというのだろう。

まず、原文を見ると（万葉仮名）、「もののふの大臣」が、「物部乃大臣」となっている。これを「もののふの大臣」ではなく、「もののべの大臣」と、素直に解釈すれば、すんなり光景が見えてくる。ふたつの歌は、和銅元年（七〇八）の大嘗祭《だいじょうさい》のあった年に作られている。物部氏は大嘗祭で楯を立てる習わしになっていた。すると、「鞆《とも》の音《おと》」も、物部氏たちが、弓を鳴らして神を呼び寄せていたことを歌っていたことが分かる。

よく考えてみれば、これは普通の大嘗祭の一幕だ。ところが元明天皇は、その遠くから聞こえてくる物部大臣の「メッセージ」に怯えていたことになる。

この二年後に平城京遷都（七一〇）があり、物部氏最後の宰相で左大臣の石上（物部）麻呂が、旧都の留守役となって捨てられる。元明天皇が即位するころになると、藤原不比等が台頭し、主導権を握っていたのだろう。

文武天皇崩御のあと、文武の母親に皇位が移ったという事実そのものが、「異常事態」であり、藤原不比等が県犬養三千代と手を組んでごり押ししたとすれば、石上麻呂は、怒り心頭に発していたのだろう。だからこそ、大嘗祭で、石上麻呂は「怒りのパフォーマンス」をくり広げていたのだろうし、元明天皇は震え上がったのだろう。

この一件からも、元明天皇が積極的に即位を望んだのではなかったことが分かる。

もうひとつは、霊亀《れいき》元年（七一五）九月に、元明天皇が、娘の氷高内親王《ひだかないしんのう》（元正天皇）に、皇位を譲ったときの「一言」に、元明天皇の本心が隠されている。

「諸々の政務に心を砕いてきたが、ほとほと疲れ果てた」「煩わしさから逃げたい」「靴を脱ぎすてるように、惜しげもなく、皇位を去る」と、詔している。

この醒めた姿勢を、無視することはできない。おそらく元明天皇は、体の弱い息子を、持統と藤原不比等が権力闘争のおもちゃにしたと、恨んでいたにちがいない。だから、最後の最後に「靴を脱ぎ捨てるように」「こんなことは、もうやっていられない」と、開き直ったのだろう。

この元明天皇の即位を手伝ったのが県犬養三千代であり、その一方で、悲憤する様を、間近で見ていたのも、県犬養三千代だった。

そして、県犬養三千代自身も、「仕方なく藤原不比等につきあっていた」のではあるまいか。

脅され利用された県犬養三千代

藤原不比等は、邪魔になれば皇族でも抹殺してきた。朝廷を牛耳るためには、手段を選ばない権力の亡者であった。

また、一度壬申の乱で没落していたし、もともと基盤らしい基盤を持っていなかったから、「もっとも効率の良い出世の方法」を考え抜いただろう。ひとつは、律令整備を急いで大豪族を丸裸にして、自らは律令を支配する側にまわることだった。

そしてもうひとつ大切なことは、天皇の外戚になることで、そのために必要なことは、「後宮をコントロールすること」に藤原不比等は気付いていたのだ。日本の政局に占める「女系」の影響力の強さを、藤原不比等は知っていたのだ。そして、そのために選んだのが、県犬養三千代だろう。この場合、「後宮の陰の顔が、たまたま藤原不比等の仕事ぶりに惚れ込んだ」のではなく、「後宮を支配しコントロールするために必要な人材が県犬養三千代だった」と考える方が自然である。

おそらく、藤原不比等は県犬養三千代の夫を九州に飛ばして、県犬養三千代を奪ったのだろう。「夫や子の命がどうなってもよいのか」と、脅したかもしれない。あるいは、婉曲に、そう匂わせて、県犬養三千代を震え上がらせたのではなかったか。

もし仮に、女性作家や女性研究者のいうように、県犬養三千代が夫・美努王を裏切っていたのなら、美努王の子・葛城王（橘諸兄）は、母が賜った「橘」の姓を継ぎたいと、熱望しただろうか。子供たちは、母の本心を知っていて、だからこそ、橘姓を名乗るようになったのだろう。

光明子が聖武天皇を「反藤原派」に豹変させた

県犬養三千代は、家族を守るために、やむなく藤原不比等の命令に従っていたのだろう。仮面をかぶり続け、それを、子供たちは気付いていたにちがいないのである。

ところで、県犬養三千代が後宮で成長を見守った子の中に、吉備内親王がいた。祖母が蘇我倉山田石川麻呂の娘で、しかも草壁皇子と元明天皇の間の娘だった。毛並みの良さは申し分なかった。長屋王《ながやおう》のもとに嫁ぎ、多くの子を産んだ。この子らにも、立太子の可能性はあり、だからこそ、長屋王の変（七二九）で、藤原四子は、「蘇我の血は根絶やしにする」と、家族の命も奪い去ったのだろう。

県犬養三千代にすれば、娘のように接していた、愛するミウチを奪われたようなものだ。悪いのは藤原四子だが、県犬養三千代も藤原氏に協力してきたという負い目があっただろう。「藤原の罪」は、県犬養三千代の十字架になったのである。

県犬養三千代は苦しみ、懺悔《ざんげ》し、娘の光明子とともに、運命を呪ったのではあるまいか。たしかに、県犬養三千代は、家族を守るために藤原不比等のいいなりになった。けれども、その結果、多くの悲劇を生んでしまったのだ。心優しき女人の魂は、吉備内親王の刑死を知って「取り返しのつかないことをした」と、打ち震えただろう。

だから、藤原四子が疫病《えきびょう》の蔓延《まんえん》で全滅したとき、長屋王と吉備内親王、そして彼らの子供たちの顔が目に浮かび、深く深く、誰よりも強く後悔したのだろう。

また、光明子が法華滅罪之寺《ほっけめつざいのてら》（奈良市）を建立して弱者救済に走った理由も、よく分かるのだ。藤原につながった女人たちの懺悔が始まったのである。

光明子はなぜ、聖武天皇が「天武の子」に目覚める危険を知っていたのに、宮子の悲劇を教えたのか……。そしてなぜ、「藤原の子」の聖武天皇が、「天武の子」に豹変《ひょうへん》して反藤原派に転向したのか、もはや謎はない。藤原氏の悪行のすべてを、光明子が聖武天皇に教え、聖武天皇は、藤原の非道のすべてを知ってしまったのだろう。

皇位継承をめぐる謎解きなのに、なぜ聖武天皇や県犬養三千代、そして光明子の謎に迫ったかというと、ここで一度、王家は存続の危機を迎えていたからだ。もちろんそれは、聖武天皇の娘・孝謙・称徳天皇の出現だ。怪僧道鏡《どうきょう》に皇位を譲ろうとしたのはなぜか、その謎解きは、県犬養三千代や光明子を知らなければ理解できなかったのだ。

なぜ、王家自ら、王家を潰そうとしたのだろう。そして、この時代に作られてしまった「悪習」が、のちにふたたび、王家の危機を招くのだ。それが、「院《いん》（太上天皇《だいじょうてんのう》）の出現」であり、実権を握った院が暴れ回り、結局武士の台頭を許してしまうのだ。

次章でいよいよ、天皇家と皇位継承の最後の謎に迫ろう。なぜ院政が敷かれるようになったのだろう。奈良時代の聖武天皇の豹変と称徳天皇の御乱心、これが平安時代の院政と、どのようにつながっていくのだろう。

第5章

天皇はいくつもの顔をもつ

天皇はいくつもの顔をもつ

天皇の正体、皇位継承をめぐる歴史を解明しようとここまできたが、分かったことがひとつある。それは、「日本の王、大王、天皇は、時代ごとに形を変え、今に続いてきた」ということで、「天皇」をひとつの決まった型にはめて考えることはできないということだ。天皇は時代ごとに、いくつもの顔を持っていたのである。

その一方で、なぜ今日まで継続してきたのかといえば、「ヤマトの王は神を祀り、天皇は神のような存在」だったからだろう。ここにいう「神」は、多神教的な発想から見える「大自然そのもの」なのである。

とは言っても、天皇家の危機は古代に二度訪れている。それが、奈良時代末期の称《しょう》徳天皇《とくてんのう》の宇佐八幡託宣事件《うさはちまんたくせんじけん》と、平安時代末の院（太上天皇《だいじょうてんのう》）の暴走と武士の台頭である。

天皇家の存続が危ぶまれる事態が、なぜ、どのように起きていたのか、順番に、謎を追ってみよう。

まず、宇佐八幡託宣事件だ。称徳（孝謙《こうけん》）天皇は、なぜ怪僧・道鏡《どうきょう》を、天皇にしようと画策したのだろう。話は、父から皇位を譲られた時点から話を始めよう。

さて、聖武天皇《しょうむてんのう》は藤原仲麻呂《ふじわらのなかまろ》（恵美押勝《えみのおしかつ》）と主導権争いを演じ、最後に敗れる。そして娘の阿倍内親王《あべないしんのう》（孝謙・称徳天皇）に位を譲っている。

即位した孝謙天皇を、藤原仲麻呂は信用していなかったようだ。死闘を演じた聖武天皇の娘で、しかも政敵・吉備真備《きびのまきび》の薫陶《くんとう》を受けていたのだから、当然のことだ。ちなみに、藤原仲麻呂（恵美押勝）は、のちに孝謙上皇《こうけんじょうこう》と敵対し、吉備真備の追討軍の前に敗北して滅亡する。それはともかく……。

すでに触れたように、光明皇太后《こうみょうこうたいごう》の身の回りの世話をする役所を紫微中台《しびちゅうだい》に改めて、太政官《だいじょうかん》に対抗する「もうひとつの政府」に育て上げようと目論んだ。その後、藤原仲麻呂は、早死にした息子の嫁を大炊王《おおいおう》にあてがい、養子のように飼い慣らしておいて、孝謙から皇位を譲らせた。こうして淳仁天皇《じゅんにんてんのう》は即位する。ここから、藤原仲麻呂の暴走が始まる。

淳仁天皇は藤原仲麻呂に「恵美押勝」の名を下賜《かし》すると、恵美家だけで朝堂を独占し、他の藤原氏でさえ、指をくわえてみているだけだったから、多くの人に恨まれた。

もちろん、こんな政権が長続きするわけがない。最初淳仁天皇と孝謙上皇が不和となり、不穏な空気が流れた。怪僧・道鏡と懇《ねんご》ろになった孝謙上皇の様子を淳仁天皇がなじり、孝謙が反発したのだ。

こののちにらみ合いが続いたが、ついに天皇御璽《てんのうぎょじ》と駅鈴《えきれい》の奪いあいへと発展し、恵美押勝は近江に逃れ、滅んでいる。これが恵美押勝の乱（七六四）である。

淳仁天皇も引きずり下ろされ、孝謙上皇が重祚《ちょうそ》した。称徳天皇の誕生である。

怪僧・道鏡は物部系？

称徳天皇は独身女帝で、道鏡を寵愛《ちょうあい》し、神護景雲《じんごけいうん》三年（七六九）、宇佐八幡神《うさはちまんしん》（大分県宇佐市の宇佐八幡宮の祭神）の信託を利用して、皇位につけようと画策している。

九州太宰府《だざいふ》の祭祀《さいし》を司る大宰主神《だざいのかむつかさ》の習宜阿曾麻呂《すげのあそまろ》が、神託を都に報告した。

「道鏡をして皇位に即《つ》かしめば、天下太平ならむ」

小躍りした称徳天皇は、和気清麻呂《わけのきよまろ》を遣わし、神託を確認させたのだった。ところが、和気清麻呂は、意外な神託を持ち帰ってきた。

「日嗣はかならず天皇家の血筋から選ばねばならない」

これで、道鏡即位の芽は摘まれたのである。和気清麻呂は失脚するものの、称徳天皇崩御ののちの藤原政権下で復活し出世するから、藤原氏と手を組んでいたのだろう。

それにしても、なぜ、称徳天皇は、道鏡を皇位につけようとしたのだろう。

のちの時代、称徳天皇と道鏡をめぐって、様々な噂が流れた。そのほとんどが、スキャンダラスな興味本位の艶笑譚《えんしょうたん》だった。

要は、道鏡は称徳天皇と同衾《どうきん》し、権力を握ったのだという。もちろん、その側面を否定することはできない。

話は少し戻る。淳仁天皇の治政下の天平宝字《てんぴょうほうじ》五年（七六一）十月、保良宮《ほらのみや》（滋賀県大津市国分）で、孝謙上皇は道鏡の看病を受けてから、二人の関係が始まっている。

恵美押勝だけではなく、淳仁天皇まで、「道鏡を排斥しろ」と声高に叫んだため、二人の恋は、逆に燃え上がったのかもしれない。

ただ、恋をしたからと言って、なぜ「この男を皇位につけたい」という発想につながっていったのだろう。なぜ皇位継承問題（王家の入れ替わり）が、ここでもちあがったのか。

ここではっきりとさせておきたいのは、道鏡の出自だ。

『続日本紀《しょくにほんぎ》』には、道鏡の俗姓は「弓削連《ゆげのむらじ》」で、もともと禅行を積み梵文《ぼんぶん》（サンスクリット語。仏典はもともとこの言語で書かれていた）に通じ、学僧として頭角を現し、看病禅師《かんびょうぜんじ》となって宮中に招き入れられたとある。

また天平宝字八年（七六四）九月、恵美押勝は道鏡について、次のように語っている。

「道鏡の朝廷に仕える様子を見ていると、先祖の大臣として仕えていた過去の一族の栄光を取り戻そうとして躍起になっている」

この発言は重要で、「弓削」といえば、物部弓削守屋《もののべのゆげのもりや》を思い浮かべる。物部氏と弓削氏は河内《かわち》という地盤でつながっていたし、弓削氏は物部氏に武器を供給していた。もちろん、両者の間に婚姻関係もあったにちがいない。ただし、弓削氏から「大臣」が出たことはなく、それにもかかわらず恵美押勝が、「過去の大臣」といっているのであれば、

「道鏡は物部系」と考えられていたと思いいたる。そして、「王を奴《やっこ》に」と強烈な発言をしていた称徳天皇は、「物部系の天皇ならよいではないか」と思っていたのかもしれない。

神武東征以前のヤマトを支配していたのはニギハヤヒだったこと、彼が物部氏の祖だったことは、『日本書紀《にほんしょき》』も認めている。天皇は物部氏の祭祀形態を継承していると考えられてもいる。

「物部の天皇なら、問題ない」

と、称徳天皇は、開き直っていたのではあるまいか。

王になろうとしていたのは恵美押勝

そしてもうひとつ、そもそも藤原氏が、本気で皇位を狙っていたのではないかと思える節があり、称徳天皇の暴走は、「皇位を狙う藤原氏」「皇帝になろうとした恵美押勝」に対する反動ではないかと思えてくるのである

藤原不比等《ふじわらふひと》の娘・光明子《こうみょうし》は聖武天皇《しょうむてんのう》の皇后に立つことに成功したが、その後、この女人は「天皇と同等の扱い」を受けていく。

『続日本紀』の光明子の崩伝《ほうでん》が、聖武天皇の行数を大幅に上まわっていたのは、のちの時代の藤原氏が聖武天皇を憎み、藤原光明子の業績を礼讃する目的だっただろうが、実際に藤原氏は、本気で光明子を即位させようとしていた可能性が高い。

藤原氏が当時政策立案の参考にしていたのは中国の則天武后《そくてんぶこう》で、「天平《てんぴょう》」や「朱鳥《あかみとり》」と二文字だった年号を「天平勝宝《てんぴょうしょうほう》」などのように四文字に改めたのも、則天武后の施政を手本にしている。本来なら神祇《じんぎ》の家（中臣）だったのに仏教を重視し始めたのも、則天武后に倣ったかららしい（筆者は、中臣鎌足《なかとみのかまたり》を百済王子《くだらおうじ》・豊璋《ほうしょう》とみなす。彼は中臣氏の系譜に紛れ込んだと考えているが、中臣氏は神祇に関わる氏族だった）。

なるほど、光明子と則天武后には、共通点が多い。

則天武后は王家出身ではない。豪商の娘で、皇后位を獲得した。夫の高宗《こうそう》が病弱だったため、政務を代行し、中国史上ただひとりの女性皇帝に登りつめたのである。

聖武天皇亡き後の光明子の尊称は「皇太后朝《おおみおやのみかど》」で、「皇太后《こうたいごう》」にわざわざ「朝」をつけている。これは、天皇の位を意識していたことを示している。恵美押勝（藤原仲麻呂）が孝謙天皇の太政官に対抗して、光明子の紫微中台を創設した時代のことだ。

天平宝字三年（七五九）六月に、淳仁天皇は恵美押勝にリップサービスをしている。

「大保《だいほう》（恵美押勝）をばただに卿《まへつぎみ》とのみは念《おもほ》さず」

恵美押勝は、他の者とはまったく別格で、「朕《わ》が父《ちち》」だといっている。その上で、淳仁天皇は父親の舎人親王《とねりしんのう》に「皇帝」の称号を与えている。恵美押勝も舎人親王も、どちらも「朕が父」で同等なのだから、どちらも皇帝だと、遠回しに言っているのである（恵美押勝が言わせたのだろう）。

また、恵美押勝の一家は、天皇だけに許された特権を、いくつも獲得して独占した。皇族を自家の養子に迎えいれ、自分の子供たちは、皇族にしか与えられないはずの「三品《さんぼん》」の位階《いかい》を獲得している。恵美押勝は独裁王になったが、本物の「王」になろうとしていたのではあるまいか。

こうなってくると、律令の規定の中に、「皇后位《こうごうい》」だけではなく、「天皇に立つための条件」がまったく記載されていなかったことも、気になってくる。藤原不比等は、「いずれ藤原氏が王家を乗っ取る日が来る」と、睨んでいたのではなかったか。

この恵美押勝の王朝交替の野望があったからこそ、称徳天皇のご乱心の意味がわかってくる。恵美押勝と死闘を演じて勝利した称徳天皇は、藤原の世を呪い、「藤原に利用されるだけの王など、もういらない」と憤慨し、「（極端に言ってしまえば）藤原が王になるぐらいなら、この世界をぶちこわしてしまいたい」と、思ったのではなかったか。

結局、称徳天皇の道鏡擁立の野望は、未遂に終わったのだが……。

消し去られた天武の血脈

恵美押勝と称徳天皇の暴走と混乱は、称徳天皇の崩御によって収束した。そして、藤原氏はここで、天武系《てんむけい》の王家に、印籠《いんろう》を渡す。天智系《てんぢけい》の光仁天皇《こうにんてんのう》を擁立したのだ。桓武天皇の父親といった方が分かりやすいかもしれない。

この時、まだ天武は存在したから、光仁の皇后には、聖武天皇の娘・井上内親王《いかみないしんのう》が立てられ、子の他戸親王《おさべしんのう》が立太子《りったいし》した。光仁天皇は天智系だが、他戸親王が即位すれば、天智系と天武系の融合ということになる。

ところが、急速に台頭した藤原百川《ふじわらのももかわ》は、井上内親王と他戸親王を、陰謀にはめて排除してしまう。『続日本紀』宝亀三年（七七二）三月条に、皇后の井上内親王は、巫蠱《ふこ》（まじないをし、人を呪った）をしたので、皇位を剥奪《はくだつ》するとある。

井上内親王の犯罪行為は、密告によって発覚した。裳咋足嶋《もくいのたるしま》なる人物が、「私と井上内親王がかなり前から巫蠱、厭魅《えんみ》（呪い殺すこと）をしてきた」と自首してきたのだ。このため、井上内親王は皇后の地位を追われた。

さらに同年五月、他戸も皇太子の地位を奪われた。光仁天皇は次のようにいう。

「皇太子他戸は、母井上内親王とともに厭魅《えんみ》大逆《たいぎゃく》を一度のみならず何度も行なっていた事がはっきりとした。皇位はわたくし個人のものではなく公《おおやけ》のものだ。私情でわが子を皇太子にすることはできない。謀反大逆の子を皇位につければ、後の世に平穏をもたらす政治ではなくなる」

しかし、「一緒に厭魅をしていた」という裳咋足嶋はこのあと出世しているから、事件はでっち上げであり、仕組まれていたことは明らかだ。

宝亀六年（七七五）四月二十七日、井上内親王と他戸親王は、幽閉されていたヤマト国宇智《うち》郡（奈良県五條《ごじょう》市）で、亡くなった。同時ということは、密殺されたのだろう。無残なことだ。

『公卿補任《くぎょうぶにん》』は、この事件が藤原百川の策謀であったと記録している。『紹運録《しょううんろく》』は、井上内親王と他戸親王が「獄《ごく》」で亡くなり、二人は龍になったという。『水鏡《みずかがみ》』や『愚管抄《ぐかんしょう》』は、井上内親王の祟りが藤原百川を苦しめたと記録する。

平安時代の御霊信仰《ごりょうしんこう》（祟り神を恐れて丁重に祀る）のきっかけのひとつは、この井上内親王と他戸親王の祟りだった。

こうして、山部親王《やまべしんのう》が皇太子に立った。百済王家の末裔《まつえい》・高野新笠《たかののにいがさ》の子・桓武天皇《かんむてんのう》だ。

藤原氏は百済系と筆者は考えるが、彼らが、百済救援に積極的だった天智を支え、桓武天皇の即位によって蘇我系、天武系の王統を絶ち切り、ヤマトを捨てたのは、それなりの意味があったからだろう。

なぜ源氏と平氏は東に向かったのか

天武系と天智系の争いは、旧豪族ＶＳ藤原氏の死闘でもあった。しかも、「地殻変動」を必ず招くであろう律令制度の導入という、大転換点を経過して、ヤマト建国来続いてきた名門豪族は、ことごとく没落していったのである。

当然、王家のあり方も激変したのだった。

桓武天皇の御代《みよ》は、久しぶりに王と取り巻きの思惑が一致した時代だった。最初、長岡京遷都に際し、藤原種継暗殺事件《ふじわらのたねつぐあんさつじけん》が起きて、「藤原内部の主導権争い」が勃発し、桓武天皇はどさくさに紛れて、邪魔にしていた早良親王《さわらしんのう》（実弟。皇太子）を、斬り捨てることに成功している。

早良親王に濡れ衣を着せて捕らえ、食事を与えず殺してしまったのだ。もちろん、のちに祟り神（崇道天皇《すどうてんのう》）となって桓武天皇や取り巻きたちを苦しめるのだが、このあと、「王と藤原の蜜月」状態が続く。

ただし、その後さらに力を蓄えた藤原氏の北家《ほっけ》（藤原四子《ふじわらしし》の房前《ふささき》の末裔）は、外戚《がいせき》の地位を確保するだけではなく、摂関政治《せっかんせいじ》を始め、天皇家をコントロールし、盤石な体制を整えていくのである。

また、平安時代の特徴は、多くの皇族が臣籍降下《しんせきこうか》していったことだ。それが、源氏と平氏になり、東国に赴《おもむ》き武士になっていった。もちろん、一部は都に残り、朝廷に出仕する者もいた。

皇族が増えすぎて養っていけなかったという理由が大きいが、もうひとつ、藤原氏の思惑もからんでいたと思う。

藤原氏が外戚の地位に居座るためにも、皇族の女性が邪魔だった。天皇が皇族の女性を娶《めと》れば、藤原氏の女性から生まれた子は、皇位からどんどん遠ざかってしまい、不利だった。

それにしても、なぜ臣籍降下した「元皇族」が、東国に赴き、武士になっていったのだろう。

藤原氏は東国を極端に恐れていた。それは、天武天皇や蘇我系豪族や物部氏といった藤原氏にとっての政敵が東国の軍勢を味方に付けていたからだろう。藤原氏が実権を握ると、ほぼ同時に東北遠征が始まり、蝦夷《えみし》と戦うようになったが、これは、「東国の強大な軍事力を東北に向かわせる」作戦だろう。要するに、夷《い》をもって夷《い》を制したのである。

これと同じ理由で、邪魔な源氏と平氏を、東国に飛ばしたのだろう。

摂関時代は藤原氏の絶頂期

奈良時代末から平安時代の初めにかけて、藤原氏の四つの家の中でも式家《しきけ》（藤原宇合《ふじわらのうまかい》の末裔。藤原百川《ふじわらのももかわ》や種継《たねつぐ》）が隆盛したが、やがて北家が台頭し、藤原良房《ふじわらのよしふさ》の時代から、摂関政治を始めた。ここから主な政務は、摂政《せっしょう》や関白《かんぱく》の家政を取りしきる機関・政所で行われるようになった。

摂関政治とは、摂政と関白が、天皇を傀儡《かいらい》にして、実権を独り占めする体制だ。九世紀半ばから十一世紀半ばまでの約二百年が、摂関政治の時代である。

「摂政」は天皇の代理として万機を執り行う者で、「関白」は、天皇を補佐して政務を執り行う者だ。両者の差は、「摂政」が、幼少の天皇を補佐する役目で、「関白」が元服後の天皇を補佐する、ということになる。要は、外戚となった藤原北家が、摂政と関白になって実権を握り、しかも、摂関家だけで外戚の地位を永続的に独占しようという試みなのだった。

ちなみに、摂政職はもともと皇族が立つ地位だった。古いところでは、神功皇后《じんぐうこうごう》が新羅《しら》征伐《せいばつ》ののち北部九州で応神《おうじん》を生み落とし、ヤマトに向かったあと摂政になった。応神が幼かったからだ。

さらに、六世紀末に、推古天皇《すいこてんのう》は廏戸皇子《うまやどのみこ》を摂政に指名したとある。

藤原北家による摂関政治がしばらく続いた理由のひとつは、「嫡流《ちゃくりゅう》だけが摂政や関白になる」わけではなかったからだろう。北家の中でも実力のある者は、庶流だろうと、嫡系に取り込まれていった。ここに、藤原氏のしぶとさが感じられる。

摂関時代こそ、藤原氏の黄金時代といっても差し支えない。藤原道長《ふじわらのみちなが》は、絶頂期の藤原摂関家を次のように表現している。

この世をば我が世とぞ思ふ望月《もちづき》の　欠けたることもなしと思へば

藤原道長は、欠けることのない満月と言っている。傲慢《ごうまん》だが、事実だ。

藤原道長に恐ろしいものはなにもなかっただろう。藤原氏は律令の欠陥を放置し、各地の土地を私物化してしまった。「錐《きり》をさし込む隙《すき》もないほど」と、批難されるほどだった。

ところが、「驕《おご》れる者は久しからず」とはよく言ったもので、藤原摂関家は、ここから一気に、衰退していく。天皇が譲位し、院政を敷いて、藤原氏から権力を奪い取っていったからである。

なぜ天皇は譲位しただけで権力を握ることができたのか

藤原氏の摂関政治が分かったところで、ようやく話は、「なぜ天皇は譲位しただけで、権力を握ることができたのか」にたどり着いた。

在位中の天皇が、皇子に位を譲り、太上天皇（院）になっただけで、なぜ強大な権力が転がり込んできたのだろう。「欠けることのない満月」と豪語していた摂政や関白から、実権を奪うことができたのは、魔法としか考えられない。

その理由を、最後に探っていこう。

院政のきっかけを作ったのは、第七十一代・後三条天皇《ごさんじょうてんのう》だった。治暦《じりゃく》四年（一〇六八）に即位している。

『愚管抄《ぐかんしょう》』には、後三条天皇の治政を、「世の末の大きな変わり目」と表現している。『愚管抄』を記した天台宗《てんだいしゅう》の僧・慈円《じえん》は、摂関家の出身（父は藤原忠通《ふじわらのただみち》、母は九条兼実《くじょうかねざね》の妹）だから、藤原の世に印籠を渡した院政のはじまりを呪っていたにちがいない。

後三条天皇は皇太子になって二十年即位できなかった。ところが、即位して四年八ヶ月で譲位してしまった。第七十二代・白河天皇《しらかわてんのう》の誕生だ。この親子の登場が、院政の端緒になる。

院は「治天の君《ちてんのきみ》」とも呼ばれるように、立派な権力者だ。

もっとも、後三条天皇は太上天皇になった翌年に崩御しているから、絵に書いたような「院政」が実現したわけではない。後三条天皇の場合、すでに、天皇の時代から、摂関家とは袂《たもと》を分かち、親政に乗り出していたのだ。

これにはわけがあって、後三条天皇は宇多天皇《うだてんのう》以来、一七〇年ぶりに出現した「母が藤原ではない天皇」だったのだ。後三条天皇の母は三条天皇の娘・皇后禎子内親王《こうごうていしないしんのう》（陽《よう》明門院《めいもんいん》）だ。

宇多天皇といえば、菅原道真《すがわらのみちざね》を大抜擢し、藤原氏と暗闘をくり広げた人物として知られている。

平安時代は藤原氏が独裁権力を握った時代だが、藤原氏の箍《たが》がはずれた天皇は、ほぼ間違いなく暴走し、権力を握ろうと模索したのだった。

「箍がはずれる」というのは、ようするに母親が藤原氏ではないということだ。あるいは、藤原系の女性でも、「摂関家の出身ではない」場合も、暴走している。

院政が始まるきっかけになった後三条天皇と子の白河天皇の親子の場合、二代続けて母は摂関家出身ではなかったのだ。白河天皇の母は藤原氏閑院流《かんいんりゅう》で、摂関家ではなく、傍流だった。

そして、白河上皇の時代、院は強大な権力を握って他を圧倒するようになっていくのである。

藤原摂関家が急速に力を削がれていった理由

藤原摂関家が急速に力を削がれていったのは、ひとつの理由に、絶頂期の藤原摂関家が、「藤原道真の嫡流だけを摂関職に立てる」と決めたからだ。みにくいお家騒動を防ぐための処置だったが、これがかえって仇《あだ》になった。人材不足に陥り、後継者がいなくなっていったのだ。天皇に嫁がせる女性も減ってしまい、外戚の地位そのものが、維持できなくなってきたのだ。

だから、「摂関家の箍がはずれた天皇」が出現し、上皇も摂関家以外の者たちの後押しを受けるようになった。摂関家だけが栄える状態を、こころよく思っていなかった人たちは、上皇に群がったのだ。ここに、新たな権力者が生まれた。

そして、もうひとつ大切なことがある。「天皇が皇子に譲位する」という行為そのものに、大きな意味が隠されていたのだ。

すでに述べてきたように古代は女系社会で、天皇といえども、キサキの家に通った。通い婚である。

平安時代でも、天皇の住まいの領域に、キサキは家を建て、父母を呼んで暮らした。キサキの数だけ、それぞれの家庭、実家が出現した。ここに天皇が通い、産まれ落ちた子も、その実家で暮らすことになる。

天皇の外戚になるということは、要するに、それぞれの家で産まれ落ちた子を、女系の家族で育て、のちに、そのかわいい孫を、即位させることで成り立つ。即位した天皇が、祖父母や実家のいうことを聞かないはずがない。

そこで問題となってくるのが、「天皇が譲位する」ことだ。天皇が譲位するだけで、それぞれ多くの家庭の運命が左右される。

おそらく、摂関家が力を持っているときは、天皇には譲位する権限すら与えられていなかったのだろう。ところが、摂関家とは血縁関係が切れた後三条天皇は、「譲位を発明した」のではなかったか。多くのキサキのそれぞれの家は、「天皇に指名されるかどうか」で、命運が決まってしまう。みな天皇にごまをすり、にじり寄っていっただろう。だから後三条天皇は、「だれにしようかな……」と、天秤にかけたのだろう。

こうして、天皇は「人事権」を行使するようになった。人事権こそ、権力者の最大の武器である。

もちろん、皇位を譲ったあとも、院は人事権を手放さなかった。だからこそ太上天皇（院）は、実権を握り続けることができたのだろう。一度、「院政」の形ができてしまうと、「即位することの重み」も変わってきたはずだ。即位しただけでは政治を動かすことができないが、そのあと譲位することで、権力者になれることが分かっているから、即位するに越したことはない。一層のこと、太上天皇に権力は集中したことだろう。

なぜ独裁王を生まない日本の律令が壊れたのか

日本の律令は、中国から多くを学ぶとともに、日本的な形にアレンジし、独裁者を生まない統治システムを構築したはずなのだ。それが、いつ、どこで、理念は失われ、律令の形は崩れていったのだろう。

原因ははっきりとしている。あの皇太夫人事件《こうたいぶにんじけん》と長屋王《ながやおう》の滅亡こそ、原点だったのだ。「自家だけが栄えるための律令」を構築しようと企《たくら》んだ藤原氏が、律令整備の最初の段階から、暗躍していたことこそ、日本の歴史の悲劇だったのだ。

そして、すでに触れたように、長屋王は「天皇の命令と律令の規定の、どちらを優先すべきか、はっきりとしてほしい」と要望し、藤原氏は一度は「律令の規定に従う」と、訂正したものの、長屋王一族を滅亡に追い込み、政敵を次々に倒すことで、「普段は律令の規定通りに行動するが、いざとなったら天皇の命令を発動して、政敵を煙に巻く」という、禁じ手を使い続けたのだ。都合のいいところだけ、天皇の命令を悪用したわけである。

独裁者・院（太上天皇）は、この藤原氏が残した、「あいまいな律令運用」が産み出したモンスターだった。

じつは、聖武天皇《しょうむてんのう》が、院によく似た最初のモンスターだったのだ。

天平十五年（七四三）冬十月十五日、聖武天皇は大仏（盧舎那仏《るしゃなぶつ》。東大寺）発願の詔の中で、次のようにいっている。

天下の富と権力を持っているのは朕《われ》（私）だ。この富と権力を使って、この尊い仏像を造る……。

何と傲慢《ごうまん》な言葉だろう。ただし、このあと続くのは、次の文言だ。

(私の富と権力を使えば）事を成すのは簡単だろう。しかし、それでは理念にそぐわない。みなが力を集めて、仏を造ろう……。

聖武天皇は、こういって、「誰もが仏寺建立に参加できる」と、呼びかけたのだ。

聖武天皇は、藤原氏と主導権争いを演じ、死闘の末、負けている。けれどもその過程で、優婆塞《うばそく》ら、藤原政権で虐《しいた》げられていた人々を救済し、味方に付けていた。だから、東大寺は、天皇の寺であるともに、庶民の寺でもあったのだ。その、盧舎那仏のもとに、国をひとつにまとめようとしたのが聖武天皇であり、富や権力は藤原氏から奪い取ったと宣言しているのである。

聖武天皇は藤原の子でありながら、藤原のやり方に反発したのだ。そして、藤原氏に対抗するために、「強い王」を演じ、「民と共に歩く王」を目指したのだろう。

ただそれは、律令の規定に定められた、本来の統治システムではないし、まして、ヤマト建国以来続いてきた、「実権をともなわない神聖な存在」でもなかった。

残念ながら、聖武天皇のやり方が、長続きするはずもなく、平安時代の院政も、藤原摂関家との暗闘、その挙げ句の武士の台頭によって、平安貴族社会そのものが没落していく運命にあった。院政を敷いて権力を振りかざす「俗物になり果てた王」に、武士もあきれ果てたのである。

律令制度が完成する前に、天武天皇が崩御したことで、すべての歯車が狂ったことはたしかだろう。そこから武士の台頭まで、「天皇の形態」は、めまぐるしく変化し、皇位継承の過程で、多くの罪なき者が、命を落とし、混乱した。その挙げ句、天皇（院）と貴族どちらも没落し、やがて天皇は「権威ある神聖な王」に戻っていったのだ。

天皇は、カメレオンのように、その時代ごとに姿を変えていったのだ。ただし、いつも、混乱と疲弊のあとに、「天皇は神（大自然）」という、原始の王の姿に戻っていくから不思議である。

あとがき

天皇の謎を知るには、神道の本質を解き明かせばよかった。難題に見えるが、その原理はいたって簡単だった。

神は大自然で、祟る鬼でもあった。これをなだめすかすのが、巫女《みこ》の役目で、王と巫女は、セットになっていた。

この単純な大原則が、日本の歴史を貫いてきたのに、われわれ自身が、「真理は難解でなければならない」と思い込んでいたのだ。また、多神教的発想の社会では「女系が大切」なのに、これを見落としてきた。

天皇の立ち位置が分からなかったから、天皇が権力者かどうかさえ、分からなくなってしまったのだろう。

日本の王（大王、天皇）は、時代ごとにいろいろな顔を持っていたが、貫く原理はひとつだった。ところが、七世紀後半の律令制度導入時の混乱が、天皇の地位を不安定にし、藤原氏がこれにつけ込み、四百年近い混乱を招いたのである。

藤原氏に対抗するために、天皇は「譲位して人事権を行使する」という策を見出したが、権力を握り「俗物」になった太上天皇《だいじょうてんのう》（院）は、「神秘性」の喪失《そうしつ》によって、自滅していったのである。

ならば、今上天皇《きんじょうてんのう》の譲位（生前退位）を認めるべきではないのだろうか。平安時代の院政の図式を、そのまま現代に当てはめることはできない。「譲位、人事権を駆使して天皇が実権を握る」ことなど、現実的に不可能だからだ。闇雲に譲位を否定する必要はないと思うのである。

今回の執筆にあたり、廣済堂出版の飯田健之氏、アイブックコミュニケーションズの的場康樹氏、歴史作家の梅澤恵美子氏に御尽力いただきました。改めてお礼申し上げます。

合掌

２０１６年11月

＊参考文献＊『古事記祝詞』日本古典文学大系（岩波書店）／『風土記』日本古典文学大系（岩波書店）／『萬葉集』日本古典文学大系（岩波書店）／『続日本紀』新日本古典文学大系（岩波書店）／『魏志倭人伝・後漢書倭伝・宋書倭国伝・隋書倭国伝』石原道博編訳（岩波書店）／『三国史記倭人伝』佐伯有清編訳（岩波書店）／『先代舊事本紀』大野七三（新人物往来社）／『日本の神々』谷川健一編（白水社）／『神道大系　神社編』（神道大系編纂会）／『古語拾遺』斎部広成著　西宮一民編集（岩波文庫）／『藤氏家伝　注釈と研究』沖森卓也　佐藤信　矢嶋泉（吉川弘文館）／『日本書紀　一　二　三』新編日本古典文学全集（小学館）／『古事記』新編日本古典文学全集（小学館）／『古代王権と大化改新』遠山美都男（雄山閣出版）／『井上光貞著作集　1　日本古代国家の研究』井上光貞（岩波書店）／『折口信夫全集　第二十巻　神道宗教篇』折口信夫（中公文庫）／『古代日本の女帝』上田正昭（講談社学術文庫）／『女帝の古代史』成清弘和（講談社現代新書）／『つくられた卑弥呼』義江明子（ちくま新書）／『王権を考える』大津透（山川出版社）／『巫女の文化』倉塚曄子（平凡社選書）／『歴史学研究　別冊』一九七五（青木書店）／『皇位継承』高橋紘所功（文春新書）／『塔下』梅原猛（集英社文庫）／『古代王権論』義江明子（岩波書店）／『女帝』梅澤恵美子（ポプラ社）／『続・神々の体系』上山春平（中公新書）／『古事記神話を読む』佐藤正英（青土社）／『日本の神と王権』中村生雄（法藏館）／『古代の女』倉塚曄子（平凡選書）／『藤ノ木古墳と六世紀』黒岩重吾　大和岩雄（大和書房）／『天武天皇出生の謎』大和岩雄（ロッコウブックス）／『万葉集大成　第十巻　作家研究篇下』五味智英（平凡社）／『奈良時代の政争と皇位継承』木本好信（吉川弘文館）／『正倉院の謎』由水常雄（中公文庫）／『聖武天皇』森本公誠（講談社）／『奈良朝政争史』中川収（教育社歴史新書）／『日本古代国家成立期の政権構造』倉本一宏（吉川弘文館）／『不比等を操った女』梅澤恵美子（河出書房新社）

編集協力　アイブックコミュニケーションズ
編　　集　飯田健之
DTP制作　立花リヒト
協　　力　矢野政人

繰り返された「生前退位」と天皇の正体

2017年1月3日　第1版第1刷

著　者　関裕二
発行者　後藤高志
発行所　株式会社廣済堂出版
〒104-0061　東京都中央区銀座3-7-6
電話 03-6703-0964（編集）
03-6703-0962（販売）
Fax 03-6703-0963（販売）
振替 00180-0-164137
http://www.kosaido-pub.co.jp
印刷所
製本所　株式会社廣済堂
装　幀　株式会社オリーブグリーン
ロゴデザイン　前川ともみ＋清原一隆（KIYO DESIGN）

ISBN978-4-331-52076-5 C0295